SUPERAR
a DOR *do* LUTO

Coleção Evangelizar

- *As pegadas que Cristo deixou* – Anna Maria Martins da Silva
- *Superar a dor do luto* – Messias dos Reis Silveira

MESSIAS DOS REIS SILVEIRA

SUPERAR
a DOR *do* LUTO

Paulinas

Dados Internacionais de Catalogação na Publicação (CIP)
(Câmara Brasileira do Livro, SP, Brasil)

Silveira, Messias dos Reis
  Superar a dor do luto / Messias dos Reis Silveira. 2. ed. – São Paulo : Paulinas, 2019. (Coleção evangelizar)

  ISBN 978-85-356-3743-4

  1. Luto – Aspectos psicológicos   2. Luto – Aspectos religiosos   3. Morte – Aspectos psicológicos   4. Morte – Aspectos religiosos   5. Perda – Aspectos religiosos   I. Título.   II. Série.

14-02635   CDD-259.6

Índice para catálogo sistemático:
1. Luto : Aspectos religiosos : Cristianismo   259.6

2ª edição 2019
1ª reimpressão 2024

Direção-geral: *Bernadete Boff*
Editores responsáveis: *Vera Ivanise Bombonatto*
Antonio Francisco Lelo
Copidesque: *Ana Cecilia Mari*
Coordenação de revisão: *Marina Mendonça*
Revisão: *Ruth Mitzuie Kluska*
Gerente de produção: *Felício Calegaro Neto*
Capa: *Tiago Filu*
Projeto gráfico: *Wilson Teodoro Garcia*
Diagramação: *Jéssica Diniz Souza*

Nenhuma parte desta obra poderá ser reproduzida ou transmitida por qualquer forma e/ou quaisquer meios (eletrônico ou mecânico, incluindo fotocópia e gravação) ou arquivada em qualquer sistema ou banco de dados sem permissão escrita da Editora. Direitos reservados.

Cadastre-se e receba nossas informações
paulinas.com.br
Telemarketing e SAC: 0800-7010081

Paulinas
Rua Dona Inácia Uchoa, 62
04110-020 – São Paulo – SP (Brasil)
📞 (11) 2125-3500
✉ editora@paulinas.com.br
© Pia Sociedade Filhas de São Paulo – São Paulo, 2014

Apresentação

Prezado leitor, tenho a imensa satisfação de dizer algumas palavras sobre a presente obra, *Superar a dor do luto*, do meu estimado irmão no episcopado, Dom Messias dos Reis Silveira, bispo da diocese de Uruaçu – GO. Este texto expressa o conforto que brota do coração do bom pastor que acode o que sofre e o anima com a candura de Jesus, vivo e ressuscitado.

O texto possui um estilo simples, coloquial e profundo. Evoca a ternura de Deus, presente no coração e na experiência de vida do autor, que, ao longo dos seus anos de ministério, como padre e como bispo, viveu o drama de famílias inteiras que tiveram a visita inesperada ou esperada da morte. O autor dá seu testemunho próprio e sereno de como viveu o luto em sua própria família.

As trinta meditações substanciosas, fundadas na sadia antropologia cristã e na Palavra de Deus, ajudam sobremaneira a pessoa que deseja enfrentar o luto fazendo uso de uma boa meditação, com ricos indicativos de orações e de leitura orante da Bíblia Sagrada.

Percorrendo estas amáveis páginas, você irá sentir-se acolhido pela bondade de Deus e encontrará caminhos de compreensão do significado cristão do luto e, também, saberá qual sua importância para o crescimento pessoal.

Não há para a pessoa humana maior certeza do que o porvir do episódio da morte. Este abençoado e oportuno texto o ajudará a celebrar o luto das pessoas amadas e, ao mesmo tempo, a se preparar para o momento da própria morte ou do seu "quase morrer".

Visitar com paciência e atitude orante as páginas deste livro, em tempo de luto ou fora dele, fará bem a quem deseja fazer sua caminhada sobre a terra com a certeza de que tudo passa, mas em Deus permanecerá.

Enfim, este livro ajudará o leitor a entender a vida como um grande presente de Deus que nunca lhe será tirado.

Desejo ao leitor uma boa leitura espiritual deste texto e que ele seja como um *vade mecum* em favor da permanente esperança na vida eterna.

DOM ADAIR JOSÉ GUIMARÃES
Bispo da diocese de Formosa – GO

Introdução

A dor do luto é como um viajante que necessitando de hospedagem a encontra, mas não permanece para sempre nela. Quando o viajante vai embora, se sua presença foi marcante, ficam as suas lembranças. Todas as pessoas mais cedo ou mais tarde tornam-se hospedeiras da dor do luto, sentimento esse que desconcerta a pessoa e insiste em permanecer no seu interior. Uma vez que o luto chega, sua dor vai aumentando como uma ferida não curada. Cada palavra, atitude ou objeto que faz recordar a pessoa falecida é como mexer na ferida, mas, ao mesmo tempo, é como colocar um medicamento que faz essa ferida doer, mas com a intenção de curá-la.

Este livro, *Superar a dor do luto*, traz várias meditações com a finalidade de confortar as pessoas que sofrem pela morte de algum parente ou amigo. As meditações são curtas e fáceis de serem lidas. Após cada uma, há a sugestão de um texto bíblico, a ser lido e rezado. A meditação e a oração a partir da Bíblia prolongam-se nas perguntas que ajudam a pessoa enlutada a ingressar mais profundamente no mistério da vida e de Deus.

Algumas das meditações põem a pessoa enlutada em contato com sua dor, como se isso fosse um remédio que faz doer, mas que depois de aplicado cura, outras ajudam a pessoa avistar para além da morte, outras iluminam o vazio com a luz da fé, outras iluminam a compreensão dos estágios do luto e outras fazem a pessoa entender que se hoje ela está enlutada, amanhã haverá pessoas enlutadas por causa dela.

Existe uma meditação que tem o intuito de ajudar a perceber que o luto é um sentimento humano e o mesmo não existe em Deus, ou, se existe, não é com a mesma compreensão dos humanos. Para nós, o luto faz sofrer e, para Deus, é vida, pois, se Deus sofresse com o luto, por conta da morte de Jesus e de milhares de filhos dele que falecem todos os dias, ele seria eternamente triste. Como, para Deus, a morte tem um significado de vida, ela não lhe causa dor, mas a alegria do encontro, e nós também teremos essa alegria do encontro na eternidade com o Eterno Pai e com todos os irmãos.

Superar a dor do luto é uma resposta pastoral para confortar a todos que sofrem por serem hospedeiros do luto. Ele traz 30 meditações, que podem ser feitas diariamente, de três em três dias ou, ainda, uma vez por semana. Não é um livro para ser lido rapidamente. É preciso certo tempo para que surta o efeito da cura, acendendo a luz para quem está nas trevas do luto. O texto pode ser lido, rezado, meditado, por todas as pessoas. Sua linguagem é simples e confortadora e se torna um bálsamo para a dor.

Esta obra nasceu do desejo de ajudar a muitos que, ao enfrentarem o luto, procuram uma palavra de conforto, uma forma de desabafar, porque se sentem sufocados com o luto que chegou e ocupou todos os seus espaços internos. Negar essa dor faz mal e tem consequências para o futuro; então o que se pretende é auxiliá-los a percorrer um caminho de libertação para que sintam alívio e deem passos na direção do conforto humano e espiritual.

1. Notícias que mudam os sentimentos

Quem nunca foi surpreendido por uma notícia que mudou seus sentimentos? No passado, quando os fatos aconteciam, a sua propagação era muita lenta. A notícia era repassada muitas vezes em encontros pessoais ou por cartas e, para quem morava nas cidades e possuía mais recursos, a notícia chegava por telefone.

Hoje, a qualquer momento pode chegar uma notícia, seja por meios eletrônicos, seja de outras formas. Uma vez acontecido o fato, a notícia não demora a chegar. Há notícias que são boas, alegram o coração, projetam as pessoas para a frente. Mas existem outras que desconcertam, encolhem as pessoas, deixam-nas sem rumo, sem chão, apagam as luzes da esperança, mudando tudo.

Mas a qualquer momento você pode receber uma notícia muito forte, que lhe traga uma profunda mudança de sentimentos. Sentimentos são sinais de que estamos vivos. Eles podem se manifestar em reação a algo que nos é feito, falado, e assim por diante. Nossos sentimentos podem se transformar, depois de recebermos determinados tipos de notícia que passam a habitar a nossa vida.

O sentimento de angústia nasce com a perda. É muito comum ouvir falar de mortes no dia a dia. E nossa cultura torna pesada essa realidade do luto. Embora hoje o assunto morte pareça ter se tornado algo banal, isso é algo que abala o interior da pessoa. Diariamente convivemos com isso, através dos meios de comunicação. Está muito entranhada nas pessoas a cultura de que a morte é a perda de alguém, e por isso a notícia da morte de um ente querido causa muita angústia.

A notícia do falecimento de um amigo, de um parente próximo, traz muita angústia. Um pai me contou como veio até ele a notícia do falecimento do seu jovem filho. Alguns amigos haviam lhe preparado uma festa surpresa de aniversário. O filho, sabendo da festa que iriam fazer para o pai, fingiu não ter conhecimento de nada, se despediu dele e foi para a cidade buscar sua namorada. Alguns minutos depois, o pai estava conversando com os amigos e, então, chegou um colega do filho e o cumprimentou rapidamente. Sem coragem de dizer a ele o que tinha acontecido com seu filho, decidiu pedir ajuda a um outro amigo. Foi até a casa de um vizinho, e logo ambos foram juntos comunicar que deveriam ir imediatamente para a cidade. Assim foi dito ao pai: "Vamos à cidade. Nós vamos dirigindo seu carro, pois aconteceu algo com seu filho, um acidente de moto". O pai perguntou: "Meu filho morreu?". Essa pergunta o fez mergulhar no silêncio da noite, pois parecia que a resposta estava muito longe, viajando e que demorava muito chegar. Seus sentimentos mudaram. Como mudaram! O que antes era festa, virou vazio. Faltavam o chão e a perspectiva do depois. O que aconteceu? Por que aconteceu? Como... Não, a resposta não vinha... Dirigiu-se à cidade, e cada segundo parecia uma eternidade. No meio do caminho a notícia chegou pelo celular, como uma alfinetada na alma: "Venha devagar, não precisa correr; ele morreu". Ele morreu! Confirmou-se dentro do pai a suspeita. Essa notícia mudou muito seus sentimentos.

No passado notícias como essas demoravam a chegar. Mas, com os meios tecnológicos de comunicação hoje existentes, podem ser recebidas em casa, no campo, no carro, no trabalho. Sim, elas chegam bem no momento da ruptura do temporal para o eterno. Começa nesse instante a se esvoaçarem as ondas que levarão o conhecimento do fato aos ouvidos de alguém que terá seus sentimentos mudados. Os ouvidos são receptores das notícias que entram e entranham em nós, causando-nos sentimentos bons ou ruins.

Você também certamente já teve ou terá sua vida marcada por notícias assim. Não devemos temer, mas a qualquer momento isso pode acontecer. E quando isso se der, o que devemos fazer? De repente, com a força violenta de um *tsunami*, determinado fato acontece e parece arrasar tudo e querer nos levar juntos.

Muitas vezes, quando a pessoa está enferma ou fragilizada, já se espera que o pior aconteça. Mas existem aqueles que partem devido a outros fatores como: a violência escolar, doméstica, urbana e no trânsito. São muitos os conflitos hoje nas famílias, nos relacionamentos, na sociedade. E é grande o número de pessoas que terminam a vida vítimas de assaltos, brigas, acidentes, contaminações, suicídios, e por tantos outros motivos. Quando alguém morre de forma natural ou tem a vida violentamente ceifada, há sempre pessoas a serem avisadas.

Caso esteja atormentado por uma notícia de morte que tenha recebido, desejo lhe ajudar através destas páginas. Venho trazer uma notícia que irá ajudá-lo a atravessar sua noite escura, na esperança de uma nova aurora. Quero lhe comunicar uma boa notícia que também vai transformar seus sentimentos de angústia em esperança. Leia e medite o livro até o fim, na esperança de que seus sentimentos sejam transformados.

Meditação

Texto bíblico: Sl 26(27).

1. Medite o texto bíblico.
2. Como foi que chegou até você a notícia da morte de um ente querido?
3. Quais sentimentos você vivenciava antes dessa notícia?
4. Que sentimentos surgiram depois?
5. Quem esteve ao seu lado naquelas horas difíceis?
6. Como sentiu a presença de Deus depois disso?
7. Que ligação faz entre a história vivida e as suas esperanças para o futuro?

2. Estive de luto

Eu também um dia estive de luto. Mas tenho certeza de que não "sou" luto. O ser é para sempre. O estar é transitório. Os sentimentos mudam. O sentimento introduzido pelo luto não tem morada definitiva em nós. Com o tempo ele se transforma, sem causar grande dor.

Um dia recebi uma notícia que me deixou profundamente enlutado. O luto não chegou junto com a notícia, mas, sim, veio depois. Eu era padre havia um ano. Minha mãe, desde o final de meus estudos eclesiásticos, andava muito enferma. Cheguei até a pensar que ela não participaria de minha ordenação sacerdotal. O calvário começou quando eu estava prestes a ser ordenado diácono. Recebi a notícia de que ela tinha sido internada na UTI e que seu estado era muito grave. Liguei para o médico e ele confirmou. Perguntei-lhe o que queria dizer grave. Ele me disse que havia risco de morte. Imaginei como seria difícil perder minha mãe. Filhos gostariam de ter mães eternizadas. Mas elas morrem.

Estava me preparando para ser ordenado diácono, mas não sabia se, no dia da ordenação, estaria de luto. Dez dias antes da ordenação, ela deixou o hospital, foi para casa e, no dia da ordenação, lá estava ela ao lado do meu pai, de minhas irmãs e irmãos. Eu louvei a Deus, embora estivesse também pedindo a ele que me ajudasse a ser verdadeiro ao rezar as palavras do Pai-Nosso: "Seja feita a vossa vontade". Deus quis que ela estivesse lá. No ano seguinte fui ordenado padre.

O meu primeiro ano de padre foi marcado pelo agravamento da doença de minha mãe. Ela permanecia alguns dias em casa e outros no hospital. Aquela situação parecia querer nos preparar para o pior.

Eu estava trabalhando no seminário, em Guaxupé-MG. Era formador de padres. Toda terça-feira tinha folga e ia visitar minha família. Numa bela terça-feira, dia 14 de setembro de 1993, não fui em casa, pois tinha ido na semana anterior e estava tudo bem.

12

Celebrei a missa na catedral, era o dia da Exaltação da Santa Cruz. Quando cheguei ao seminário, minha irmã me telefonou dizendo: "Tenho uma má notícia. Aconteceu algo muito ruim na nossa família. A mamãe acabou de morrer".

Vivi cerca de um ano a angústia do luto. Era uma dor profunda, algo inexplicável, um sentimento de vazio me acompanhava. Eu rezava, ia às festas, procurava não ficar isolado, mas aquele sentimento se mantinha presente.

Em julho do ano seguinte, fui para a Itália fazer um curso de formadores de seminaristas. O curso foi antecedido de uma semana de retiro. Durante aquele retiro, consegui entregar minha mãe nas mãos de Deus. Tomei consciência de que era definitivo. Não adiantava ficar angustiado. Ela era de Deus e estava bem junto dele. Era desejo de minha mãe que eu e todos os outros ficássemos bem. Naquele momento novamente a paz retornou a mim. Nunca a esqueci, mas passei a recordar-me dela sem sofrer. Creio que naquele retiro aconteceu o segundo sepultamento dela, pois eu ainda a carregava morta dentro de mim.

Hoje, quando encontro pessoas enlutadas, costumo dizer que aos poucos vamos administrando o luto e seus sentimentos dentro de nós. Para algumas pessoas, o processo é mais rápido e, para outras, um pouco mais demorado. Para mim que era padre, demorou cerca de um ano. O importante é trabalhar a situação. Não negar o luto e deixá-lo ser iluminado pela fé. A dor precisa ser vivida. Não existe nascimento sem dor, mas a dor existe em quem dá à luz e não em quem nasce. A dor do luto é para quem fica e não para quem nasce para a vida eterna. Rezemos para que os mortos vivam em paz junto de Deus.

Meditação

Texto bíblico: 1Jo 3,1-3.

1. Recorde alguma situação de luto pela qual tenha passado.
2. Tente reviver os sentimentos que você experimentou.

3. Como foi para você lidar com o luto?

4. Tente projetar o luto que está vivendo para dali a dois, três anos. Pergunte-se como estarão os seus sentimentos, após ter transcorrido esse tempo.

5. Imagine como Nossa Senhora trabalhou o luto pela morte de seu Filho.

6. Usando a imaginação, construa uma imagem de seu ente querido convivendo com os santos nos céus.

7. Faça uma meditação e oração a partir do texto bíblico Jo 14,1-3.

3. Oração do enlutado

Pai santo, venho apresentar-vos a situação na qual me encontro. Sei que vós conheceis tudo e sabeis como estou. Vós sabeis quais são os meus sentimentos e por que me encontro assim. Preciso falar, preciso desabafar, preciso expor os meus sentimentos, e sei que ides me ouvir. Obrigado pela paciência em escutar meu lamento.

Sabe, Deus, penso que ficar com esses sentimentos dentro de mim, sem partilhá-los, vai me fazer sofrer mais do que estou sofrendo. Há um vazio dentro de mim. Um sentimento estranho que não sei explicar. Muitas vezes começo a chorar, outras vezes fico pensativo. Parece que estou vivendo sem rumo, com saudades do passado, sem enxergar o momento presente e sem perspectivas de futuro.

A recente morte de uma pessoa muita amada fez aflorar em mim esses sentimentos. Estou sem forças para prosseguir. Somente vós podeis me ajudar. Tenho fé, mas ela está tão frágil. Acredito na ressurreição, mas parece que está tudo tão confuso. Tenho recebido muitas manifestações de solidariedade, mas o vazio continua. Parece que estou morrendo junto com a pessoa que se foi.

Venho pedir, Senhor, a graça de viver este tempo de luto e superar a crise na qual me encontro. Sei que essa dor chegou para mim e que somente eu posso vivê-la. Mas preciso viver a parte que me cabe. Recuperar o ânimo é o que mais desejo. Mas sei que preciso de tempo, de amor e de vossa presença em minha vida. Ajudai-me a atravessar esse vale de lágrimas. Não me deixeis à beira do caminho. Permanecei comigo e enviai sobre mim a vossa paz. Ajudai-me a ser sereno nesta hora e a aceitar a morte dessa pessoa querida.

Oh, Pai amado! Eu sei que todos os dias morrem milhares de filhos seus. Penso que, se vós tivésseis os mesmos sentimentos que eu, seria eternamente infeliz, diante de tantas mortes. Mas o Senhor é vida, e a morte para vós não tem o mesmo significado que para mim. Morte, para vós, não é sofrimento, mas encontro com a vida.

Iluminai, Senhor, a minha vida com a luz da ressurreição, transformando o meu sofrimento e o de todos os meus parentes e amigos que também estão de luto. Introduzi-me no vosso coração, para que eu veja a beleza da vida que existe em vós.

Ao meu ente querido, peço a vós que perdoeis os seus pecados e lhe concedais a paz eterna. Amém.

4. Aprendendo a lidar com o luto

Quando eu era criança, vivendo na zona rural, dificilmente ouvia falar em morte. Ao saber da morte de alguma pessoa, um sentimento de medo tomava conta de mim. Tinha receio de que a pessoa falecida aparecesse para mim. Havia um mistério muito grande em torno da passagem para a vida eterna. Aos poucos fui crescendo e me conscientizando e, ao passar a morar na cidade, percebi que todos os dias ocorriam mortes. Às vezes, até me assustava pensando em tantas mortes. Os meios de comunicação divulgam diariamente tantos acidentes fatais. Aos poucos, aquele temor foi desaparecendo e me acostumei. Além do mais, fui compreendendo que a pessoa morre para viver plenamente e que, ao morrer, ela ressuscita. Assim, a morte é um encontro muito afetuoso com Deus.

Como todas as pessoas, também vivi o vazio, a dor da saudade e da ausência, mas houve um momento em que tomei consciência de que não adiantava ficar sofrendo ou lamentando, pois quem morre ressuscita. A ressurreição é para sempre. É feliz quem ressuscita para viver em plena comunhão com Deus. No momento dessa tomada de consciência, acredito ter acontecido para mim o sepultamento existencial que todos os enlutados precisam fazer. Não basta colocar o corpo no cemitério, é preciso realizar o sepultamento psicológico. Algumas pessoas fazem esse sepultamento com mais brevidade e outras demoram um pouco mais. Para mim, foram necessários dez meses. Quando brilhou para mim aquela luz interna, que me levou a fazer uma despedida até o dia de minha morte, passei a ver o fato de forma diferente. Posso dizer que nunca esqueci minha mãe, mas passei a me lembrar dela sem sofrer.

Não podemos negar a morte e os sentimentos que dela emanam. Mas, aos poucos, é preciso ir administrando dentro de nós a perda, para dar seguimento à vida.

A celebração do Dia de Finados e nossas orações pelos falecidos têm o propósito de nos fazer pensar em algumas perguntas fundamentais: Quem somos, como estamos e para onde vamos? Somos filhos de Deus em processo de amadurecimento. Estamos na vida e nossa missão aqui é viver para ressuscitar. Como a vida é uma grande viagem de volta para casa, estamos nos dirigindo para a morada eterna, onde esperamos entrar definitivamente no convívio com Deus e com todas as pessoas salvas. Chamamos de morte a chegada de alguém na festa da vida eterna. Os que ficam se assustam e sentem a partida do ente querido. Nessas horas, mais do que nunca é preciso fazer a entrega da pessoa falecida a Deus.

A fé nos conforta. Rezar faz bem. Colocar a pessoa junto de Deus é muito bom e dá paz. É desagradável conviver com uma pessoa que só sabe falar sobre alguém que faleceu. É necessário deixar os ressuscitados em paz, com Deus, enquanto os enlutados devem prosseguir, sendo confortados pela fé na ressurreição.

Meditação

Texto bíblico: Lc 2,29-32.

1. Hoje você está de luto. Imagine como seria para você estar de luto na sua infância, na adolescência, na vida adulta e na velhice. Há alguma mudança de compreensão e aceitação?

2. Ao receber a notícia do falecimento de uma pessoa, quais sentimentos tomam conta de você? Há algo de cristão nesses sentimentos?

3. Tente imaginar como estará o seu semblante, quando chegar a sua hora de encontrar-se com Deus. Alegria? Tristeza? Mágoa? Decepção? Frieza? Vitória? Fracasso? Leveza? Plenitude? Paz?

4. Como você imagina que foi, ou está sendo, o encontro de seu ente querido com Deus?

5. Medite profundamente o texto bíblico sugerido, fazendo-se as seguintes perguntas: O que o texto diz? O que o texto diz para mim? O que o texto me ajuda a rezar? O que o texto me ajuda a contemplar e a fazer?

5. Conservação da identidade dos que morreram

São muitos os que nos perguntam se quando morrerem vão encontrar pessoas conhecidas que já faleceram. Desejam saber se irão reconhecer as pessoas na eternidade. Diante de uma resposta positiva, muitos ficam contentes. Estamos aqui lidando com questões de fé, de revelação e não com ciência, que tem métodos comprobatórios. A fé nos permite ver além do que enxergamos, e questões de fé não são possíveis de serem provadas cientificamente, pois estão na categoria de mistério. A fé vai além do que a ciência diz. A ciência tem uma explicação para a vida desde a sua concepção até a sua morte. Já a fé vai além da morte.

A nossa fé nos diz que Deus não cria para destruir. Assim visto, a morte não é uma aniquilação que reduz o ser a nada. Após a morte é, portanto, natural que cada ser humano conserve a sua identidade. Pela identidade conhecemos a pessoa. A identidade é o que a pessoa é em si.

Certa vez, um bispo disse que Jesus tem certeza de quem é sua Mãe lá no céu. Em meio a tantas mulheres que se foram deste mundo, há uma que é sua Mãe, e ele a conhece e a identifica. Quando fazemos nossas orações a um santo, temos consciência de estar pedindo para aquele santo específico, isso significa que nossa fé nos diz que o santo não perdeu a sua identidade.

Na missa exequial de João Paulo II, o então Cardeal Ratzinger disse que muitas vezes o papa havia aparecido na janela do Vaticano para falar ao povo e abençoá-lo e que, agora, do céu: "Ele nos olha e nos vê". Estava o cardeal, hoje papa, afirmando a identidade de João Paulo II na eternidade.

Existe um canto mariano muito popular que muitas pessoas gostam de cantar nos velórios, o qual atesta também a identidade das pessoas no céu e assegura que é possível encontrar os que faleceram: "Com minha Mãe estarei, na santa glória um dia, junto à Virgem Maria, no céu triunfarei. No céu, no céu, no céu com minha Mãe estarei". Assim como encontraremos a Virgem Maria, também encontraremos os santos. O céu é casa de santos. Ali vivem todos os santos, os que são canonizados pela Igreja e todos os outros que estão salvos. Estar salvo é ter atingido o grau da perfeição oferecido por Deus. Dessa forma, é assegurado a nós um encontro com os que nos precederam.

As orações da missa que o sacerdote reza pelos pais falecidos falam de um encontro com eles na eternidade. São preces cheias de esperanças. Vejamos.

Oração do dia: "Ó Deus, que nos mandastes honrar pai e mãe, tende piedade de meu pai e de minha mãe, perdoai os seus pecados e concedei que um dia nos encontremos na alegria eterna".

Sobre as oferendas: "Acolhei, ó Deus, este sacrifício que vos oferecemos por meu pai e minha mãe; concedei-lhe(s) a alegria e dai-nos participar em sua companhia da felicidade dos santos".

Depois da comunhão: "Ó Deus, que a participação deste sacramento obtenha para meu pai e (minha mãe) o repouso e a luz eterna e possamos um dia gozar juntos da vossa glória".

A oração de despedida no rito de encomendação também apresenta esta certeza do encontro com o falecido. "Ó Pai de misericórdia, em vossas mãos entregamos este nosso irmão na firme esperança de que ele ressuscitará no último dia com todos os que no Cristo adormeceram. Abri para ele as portas do paraíso; e a nós, que ficamos, consolai-nos com a certeza de que um dia nos encontraremos todos em vossa casa".

Essas orações respondem aos questionamentos das pessoas, que perguntam se haverá um encontro com os que partiram antes e se será possível reconhecê-los na eternidade. A certeza desse encontro pode trazer alívio para a dor de muitos enlutados, mas, com o tempo, a pessoa adquire uma visão mais ampla da fé e percebe que, mais importante do que rever uma pessoa na eternidade, é todos se encontrarem, em espírito em Cristo, no Pai.

Meditação

Texto bíblico: Ap 7,9-17.

1. Faça uma leitura orante do texto bíblico.

2. O que o texto diz?

3. O que o texto diz a você?

4. O que o texto o ajuda a rezar?

5. Que ações ou atitudes o texto lhe inspira?

6. Como é, para você, a esperança de após a morte encontrar pessoas que já partiram?

7. Imagine a alegria de encontrar quem já partiu e a dor dos que ficaram e choram sua morte. Como resolver essa situação?

8. Qual sua maior esperança: encontrar no céu os entes queridos ou a Deus, que o criou e lhe dará a plenitude da vida?

9. Reze a Deus pedindo não só a graça da aceitação do mistério da morte, como também força para prosseguir até chegar o momento de encontrar-se com ele.

6. Sepultado vivo

Já participei de alguns sepultamentos nos quais havia algumas pessoas que amavam muito o falecido. E posso dizer que existe um grande perigo de sermos sepultados vivos, quando morre alguém da família ou muito próximo de nós. O enlutado parece morrer também, e não consegue retornar à realidade para amar o que Deus oferece à sua volta. Parece só pensar na morte, que tudo para ele perde o sentido. Por causa da separação da pessoa amada, desanima, perde o gosto de viver, entra em depressão e só espera a morte, como fez o profeta Elias num grande momento de desânimo (1Rs 19,4).

Os mortos vivos são principalmente pessoas que viveram ou vivem em função de outra. Colocam o sentido de toda a sua vida na outra pessoa. É comum ouvir alguém dizendo assim: "Você é o meu tudo, sem você eu não vivo". Frases como essas são pronunciadas principalmente pelos adolescentes apaixonados, por pessoas que ainda estão no primeiro estágio do amadurecimento afetivo. Muitas produções musicais propagam essa pequenez de compreensão do sentido da vida, ao anunciarem: "Você é o meu tudo", "Você é minha vida", "Sem você eu não vivo". Acreditar e viver a filosofia presente nestes pensamentos afetivos gera certas consequências, pois chegará um momento em que haverá uma separação através da morte. E nesta hora, o que fazer? Se o outro é o tudo, a vida, se sem ele não se consegue viver... É preciso, então, tomar a decisão de viver as consequências do sofrimento do luto.

O filósofo Sartre disse: "A existência do homem é algo temporário, paira entre o seu nascimento e a morte, e onde o seu projeto será sempre incompleto diante da morte inevitável". Na verdade, somos seres em construção, por isso ninguém pode ser o tudo do outro e nem de si mesmo. Pode até ser uma parte, mas não o tudo. Ninguém pode ser a vida do outro, pode, sim, dar sabor a ela, contribuir para o seu bem viver, mas nunca poderá ser a vida do outro. Deus nos criou para a liberdade. Somos gerados umbilicalmente ligados à nossa mãe, mas, quando nascemos, o cordão umbilical é cortado. Cada um tem diante de si um caminho a abrir e a percorrer.

Como não vivemos sozinhos e, ao longo da vida, estabelecemos relações com muitas pessoas, sem dúvida, muitas delas passam a fazer parte de nossa vida, mas não podemos aprisioná-las fisicamente. É bom que fique em nós a lembrança agradável da convivência, mas é preciso permitir que depois de falecida a pessoa peregrine em paz para a fonte eterna da vida que é Deus. Não podemos reclamar a sua presença física.

Não podemos negar o susto, o espanto, a dor que gera o falecimento de uma pessoa amada. A morte é como uma cirurgia que retira uma parte de nós. Essa retirada causa dor, exige repouso, mas depois é preciso retomar a vida e prosseguir.

Existem animais que têm uma capacidade de regeneração muito grande. Quando perdem um pedaço de seu corpo, com pouco tempo conseguem se refazer A parte perdida é logo refeita. Nós também podemos regenerar-nos afetiva e espiritualmente, quando ocorre a morte de alguém de nosso convívio. Através da fé e do amor, vamos sendo regenerados. Ajuda muito a compreensão de que o nosso amor tem uma meta para além das experiências afetivas que vivemos neste mundo. O nosso amor e o amor de todas as pessoas buscam um amor maior, que é o Amor Eterno. "Tarde te amei, ó beleza tão antiga e tão nova" (Santo Agostinho).

Mas a preocupação, neste capítulo, é com aquelas pessoas que um dia se autossepultaram, e que assim permanecem, ou que não estão contentes em estarem vivas, esquecendo-se de todas as outras que permanecem à sua volta. Jesus encontrou uma situação bem parecida com essa, quando morreu o seu amigo Lázaro. Marta, Maria e muitas outras pessoas, embora estivessem fora do túmulo, psicologicamente estavam sepultadas.

Jesus chama Lázaro para fora. Lázaro significa "Deus ajuda". Juntamente com Lázaro, devem sair todas as pessoas que psicologicamente estão enlutadas. Deus quer ajudá-las a sair. A ressurreição de Lázaro se aplica muito bem aos mortos vivos. Quando ocorrer uma situação de morte que nos deprima, é preciso, com amor, fé e com o tempo, buscar um novo sentido para viver, sobretudo em Cristo, o Filho de Deus. "Eu sou a ressurreição. Quem crê em mim, ainda que tenha morrido, viverá. E todo aquele que vive e crê em mim não morrerá jamais. Crês nisto?" (Jo 11,25b-26).

Meditação

Texto bíblico: Jo 11,1-43.

1. Leia e reze o texto bíblico.

2. Conhece alguma pessoa que, embora esteja viva, parece ter sido sepultada com seu ente querido? Você é uma dessas pessoas?

3. O que o seu ente querido significou em sua vida? Era tudo em sua vida? Sem ele, você não se acha em condições de viver?

4. Hoje, quem pode pôr vida em sua vida? Quem pode ajudá-lo a recuperar o ânimo?

7. Morte não é aniquilação, mas transformação

O livro do Gênesis traz o relato sobre a Criação. É um texto teológico. Não vou investigar aqui as questões da teologia bíblica referentes aos textos da criação. A minha intenção é refletir sobre a satisfação de Deus em criar e conservar o que foi criado. Deus criou a terra, o céu, as águas, a luz, os animais, as plantas, e viu que tudo era bom. Criou o homem e a mulher e disse que era também muito bom. Deus criou com vida e para a vida.

A cultura humana é que interfere na Criação, provocando muitas mortes. Hoje acompanhamos com pesar a morte dos mananciais, das florestas e da vida humana. Há muita violência a ceifar a vida. No poema "Morte e Vida Severina", de João Cabral de Melo Neto, se diz: "E se somos Severinos iguais em tudo na vida, morremos de morte igual, mesma morte Severina: que é a morte que se morre de velhice antes dos 30, de emboscada antes dos 20, de fome um pouco por dia (de fraqueza e de doença é que a morte Severina ataca em qualquer idade, e até gente não nascida)". A morte acontece sempre em todas as regiões da terra. Na visão de Deus ela não é destruição, ou aniquilamento, mas transformação.

Aniquilar é o ato de reduzir a nada, destruir totalmente. Assim, se a morte fosse aniquilamento, a vida criada por Deus não teria eternidade. Deus é Pai, e que pai gostaria de destruir para sempre seu filho? Qual pai gostaria de reduzir o seu filho a nada? A morte, então, não é destruição, mas transformação. Vamos usar um exemplo para entender isso.

Resolvo derrubar uma casa até que não sobre nada. Aniquilo essa casa. Ela fica destruída. Mas, se quiser, posso desmanchar a casa e, utilizando os mesmos materiais dela retirados, construir uma outra diferente.

Tomemos uma semente de milho como exemplo. Dentro dela está todo o projeto embrionário de uma planta. Quando a colocamos na terra, ela aparentemente morre, mas daí, a partir dela, surge uma planta, que já não tem a mesma aparência da semente. Aquela planta traz em si todas as características que a semente possuía, mas não é mais a semente, houve uma transformação.

Na morte há um corpo que é sepultado ou cremado. Contudo, a fé na ressurreição nos diz que a vida não foi destruída, mas transformada. A pessoa falecida vive junto de Deus, mas em um novo estado existencial. Vive ressuscitada.

No passado se falava muito em vida após a morte; hoje a preferência é dizer "Vida após a vida", pois a morte torna-se a passagem para a vida eterna.

Muita gente costuma dizer que para todo problema há uma solução e que somente diante da morte não se pode fazer nada. Eu costumo dizer que na morte cessam as capacidades humanas e entram as forças divinas. A ação divina é a ressurreição. Crer na ressurreição é encher-se de esperanças, pois o Deus que criou a vida a conserva e a mantém na eternidade. Então, para a morte existe solução, sendo que a ressurreição é o presente de Deus a quem ele chama para a vida eterna.

Meditação

Texto bíblico: Rm 6,3-9.

1. Faça uma leitura orante do texto bíblico.

2. O que o texto diz? Entenda e assimile o texto.

3. O que o texto diz a você? Qual mensagem lhe transmite?

4. O que o texto o ajuda a rezar? Comece sua oração a partir dessa reflexão.

5. O que o texto o faz contemplar?

6. O que o texto o ajuda a fazer?

7. Qual é sua compreensão a respeito da morte?

8. Como é sua fé na ressurreição?

9. Peça a graça de crescer sempre mais na esperança da ressurreição.

10. A ressurreição é a melhor notícia para sua vida?

8. Homilia exequial

Na diocese de Uruaçu deu-se a morte inesperada de um seminarista. O fato estremeceu interiormente a todos, pois um jovem, que demonstrava vitalidade, veio a falecer repentinamente com problemas cardíacos. Mais tarde, ficamos sabendo que ele tinha uma deficiência cardiológica. Apresento abaixo a homilia que fiz na missa exequial do seminarista Michel, pois ela traz palavras de conforto a quem está de luto.

A morte nos faz sofrer, ela tira o nosso chão. Ficamos suspensos, perplexos. Choramos a morte da pessoa amada. Sentimentos humanos clamam sua presença. Queríamos que ele continuasse conosco. Que seus projetos se realizassem.

Todos os anos os padres do seminário realizam uma celebração na catedral para apresentar a mim e à comunidade os novos seminaristas. O Michel foi apresentado este ano. Ele começou o caminho da formação. Tudo estava indo bem. Havia esperanças. Hoje aqui estamos para entregá-lo a Deus. Ele é de Deus. Pertence a Deus. Nosso jeito humano não nos deixa compreender muito bem esta pertença. Somente a fé poder-nos-á ajudar a atravessar este momento.

Todas as terças-feiras celebro a missa para os seminaristas no seminário. Hoje é terça-feira e aqui estou celebrando com eles e com vocês. Estamos tomados por um sentimento que nos deixa perturbados interiormente. Sentimos a morte de quem amamos. Jesus também chorou diante do túmulo de seu amigo Lázaro (Jo 11,35). Sentimentos precisam ser externados. O nosso choro não é um choro de desespero. Os aflitos, os que choram, serão consolados por Deus, isso Jesus assegurou: "Bem-aventurados os que choram porque serão consolados" (Mt 5,5).

Michel partiu rápido. Ele ingressou no seminário este ano. Há poucos dias recebeu a batina. Ele esperava estar aqui em

Mara Rosa no sábado passado, participando de uma celebração, e ia usar pela primeira vez a batina. Mas no sábado iniciou o seu calvário, que durou cerca de 36 horas.

Ontem, em uma celebração no velório, a missionária Conceição lembrou-se do choro de Michel no dia em que ele recebeu a batina, não faz muito tempo; foi há 24 dias. Era a emoção de estar dando passos e notar que estava sendo revestido de uma veste sagrada que o conduziria a algo maior. Não sabíamos o amanhã de sua vida. Ele iria caminhar rumo a Cristo para ser configurado com ele. Sua viagem foi para além dos limites da terra. Hoje ele está aqui revestido com a batina. Ele alcançou o céu.

Quando fiquei bispo, alguém me alertou: "Prepare-se para realizar exéquias de sacerdotes". Há quase quatro anos sou bispo de Uruaçu. Ainda não realizei exéquias de sacerdote na diocese desde que cheguei. Deus pediu-me que realizasse as exéquias deste amado filho seminarista. Vamos sepultar a semente do amanhã sacerdotal.

Daqui a pouco colocaremos uma semente no campo santo. O lavrador conhece bem a dinâmica da semente semeada. Ela desaparece e surge uma planta. Na semente estão todas as características da planta. Fisicamente ela morre, mas permanece viva na planta. A planta é a semente transformada. A vida é a semente. A Igreja tem uma grande sabedoria. Orienta que as exéquias deveriam acontecer com o corpo posto no chão. Nas exéquias do Papa João Paulo II, o caixão estava no chão. É a semente tomando contato com a terra. Hoje é dia da árvore. É dia de plantar. Morte não é aniquilamento, destruição, mas transformação. Por isso podemos falar em vida após a vida. Mais vida depois da vida. O dia da morte é o verdadeiro natal da pessoa. É o dia do encontro com Deus no céu. Com a morte, o nosso eu não é destruído. Deus não cria para destruir. Na eternidade encontraremos as pessoas com seu ser definido. Vamos encontrar e alegrar muito, pois o céu é felicidade plena. Por isso, esperamos encontrar com o Michel nos céus.

Ele era um seminarista tímido, mas alegre. Tinha um sorriso bonito. Na segunda-feira fomos acordados com a notícia de que seu sorriso havia alcançado o céu. Ele estava sorrindo diante de Deus. No blog do seminário eu escrevi: "Michel, você deve estar muito feliz vendo a beleza de Deus. Você trazia sempre um sorriso largo diante de nós. Hoje acordamos com a notícia de que você está sorrindo diante de Deus. Deus é mesmo a felicidade eterna e agora você tem a plena certeza desta realidade. Você já viu Nossa Senhora? Como deve ser linda a Morada Eterna! Da janela do céu olhe por nós que somos romeiros para Deus. Um dia estaremos juntos aí no Paraíso. Descanse em paz. Permaneça na paz eterna" (Homilia da missa de corpo presente do seminarista Michel – Mara Rosa-GO – 21 de setembro de 2010).

Numa das assembleias da CNBB, na missa em memória dos bispos falecidos, Dom João Bosco Olíver expôs um pensamento cheio de esperanças, mencionando que os bispos morreram, mas quase não morreram. Morreram porque a presença física cessou. Quase não morreram porque estão vivos diante de Deus. Assim também acreditamos que Michel morreu, mas quase não morreu. Morreu porque vemos o seu corpo sem vida, mas quase não morreu porque ele vive junto de Deus e Deus lhe oferece a plenitude da vida.

Jesus disse: "Quem come a minha carne viverá eternamente". Michel muitas vezes se alimentou de Jesus. Ele está vivo. Morreu, mas quase não morreu.

"Se estivesses aqui meu irmão não teria morrido." A presença de Jesus dá vida, vivifica. Michel morreu, mas quase não morreu.

"Eu sou a ressurreição e a vida; aquele que crê em mim, ainda que esteja morto, viverá." Michel morreu, mas quase não morreu.

As moradas de Deus foram prometidas por Jesus: "Na casa de meu Pai há muitas moradas. Vou preparar um lugar para vós. Quando estiver pronto, voltarei e vos levarei comigo". A morada do Michel estava preparada por Jesus. Ele morreu, mas quase não morreu, porque já habita a morada que Jesus lhe entregou. Ele recebeu a chave para abrir a porta de entrada para a eternidade.

"Este é pão que desceu do céu, para que não morra todo aquele que dele comer. Quem come deste pão viverá eternamente." Michel amava a Eucaristia. Respeitava muito, por isso podemos dizer que Michel morreu, mas quase não morreu.

No Evangelho (Jo 6,35-40), Jesus diz que a vontade do Pai que o enviou é de que ele não perca nenhum daqueles que o Pai lhe deu. "Está é a vontade de meu Pai: Que todo aquele que vê o Filho e nele crê tenha a vida eterna: e eu o ressuscitarei no último dia". Quando será o último dia? Para este mundo, o último dia é o dia da morte. Com ela, termina a missão da pessoa aqui. Eu creio na ressurreição. O dia da morte é o dia do encontro com Deus. Neste encontro Deus oferece a plenitude da vida. Acreditamos que Michel ressuscitado é Michel vivo. Ele acreditou em Jesus, e suas palavras, seus gestos testemunharam isso, por isso cremos que Deus lhe ofereceu felicidade eterna. "Vinde, benditos de meu Pai! Recebei em herança o Reino que meu Pai vos preparou desde a fundação do mundo!" (Mt 25,34).

Michel morreu, mas quase não morreu. Sua morada agora é no céu. Ele vive inserido no mistério de Deus. Penso que, como o apóstolo São Paulo, que disse "eu vivo, mas não sou eu que vivo, é Cristo que vive em mim (Gl 2,20)", podemos imaginar que Michel pode dizer: "Cristo vive e eu vivo nele e participo da alegria da Trindade Santa. Sou comunhão de vida com Deus, que durante minha vida terrena viveu em mim. Agora eu vivo nele eternamente". Feliz eternidade, Michel!

Meditação

Texto bíblico: Jo 6,35-40.

1. Medite o texto bíblico e reze em favor da promessa de ressurreição feita por Jesus.

2. Faça a sua oração a partir do texto, pedindo que a sua fé na ressurreição cresça.

3. Com quais características você acredita que seu ente querido alcançou o céu?

4. Quais são os seus sonhos daqui para a frente? Faça uma lista. Esforce-se por fazer a maior lista possível. Se não conseguir anotar na hora, vá acrescentando aos poucos.

5. Faça uma oração pedindo a Deus a graça de realizar os seus sonhos, principalmente aqueles que nascem da comunhão com ele.

6. Escreva uma carta ao seu ente querido lhe desejando feliz eternidade.

9. Estágios de superação do luto

Certa vez fui chamado para confortar uma mãe que estava de luto porque o seu filho havia falecido. Algumas pessoas estavam achando aquilo estranho, porque aquela mulher era uma católica fervorosa, frequentava a igreja, participava de missa e até era ligada ao Movimento da Renovação Carismática. Mas ela estava revoltada com Deus pela morte de seu filho. Quem a conhecia não estava entendendo o que se passava e até pensou que aquela revolta era alguma obra do demônio.

Fui até a casa dela para conversar um pouco. Ela me apresentou suas lamentações sobre a perda do filho. Estava inconformada. Falou também de seus questionamentos sobre a forma como o filho morreu e queria saber por que Deus tinha feito aquilo com ela.

Quis ajudá-la e, depois de ouvi-la, disse-lhe que na vida nem tudo acontece do jeito que a gente quer. Deus tem suas formas de agir. O que falei parece que piorou a situação, porque Deus não era aceito ali. Ela estava brigando com Deus. Falei sobre o sofrimento das mães que sepultam seus filhos. Disse a ela que Nossa Senhora estava unida a ela no seu sofrimento. Maria havia também sofrido vendo seu filho morto, mas, iluminada pela fé, superou aquele momento que se tornou glorioso através da ressurreição.

Depois de me ouvir, ela me disse que Nossa Senhora foi covarde. Com o poder que tinha, por que deixou seu filho morrer? Se ela é uma mãe tão boa, que ama tanto, por que permite que os filhos morram, deixando mães enlutadas? Se ela conhece a dor de uma mãe enlutada, por que não fez nada para que meu filho não morresse? Eu pedi a ela e nada foi feito? Não havia mesmo jeito. Todos os argumentos eram esgotados pela revolta que a mãe enlutada estava vivendo. A sua raiva se dirigia a Deus e a todos que têm poderes na eternidade.

Então, fui embora. Pedi aos amigos daquela mulher que fossem solidários e permanecessem próximos dela. Que deixassem ela falar tudo o que quisesse, sem julgá-la. Mais tarde, soube que a raiva havia passado e que ela continuava frequentando a igreja.

Uma religiosa contou-me que também foi confortar uma mãe que estava enlutada pela morte de seu filho. A religiosa, depois de ouvir a mãe, lhe disse que Nossa Senhora também tinha passado por aquela situação de dor. A mãe lhe disse que Maria, mesmo depois da morte, pode ver novamente o seu Filho, mas que ela nunca mais veria o dela. A religiosa disse que havia muita angústia naquela mãe.

A morte de uma pessoa amada faz aflorar muitos sentimentos. É vista como uma grande perda, e toda perda traz um forte sentimento de angústia. Acontece que na vida as pessoas não apenas ganham, mas também perdem. Quando alguém perde, outra pessoa ganha. No caso referido antes, a raiva se dirigia contra quem havia ganhado. Deus era visto como o poderoso que tinha feito uma pobre mulher passar por uma grande perda e ele tinha ganhado.

Elizabeth Kubler-Ross é uma psiquiatra suíça, radicada nos Estados Unidos, que escreveu um livro, em 1969, sobre a morte e o morrer, no qual ela apresenta cinco estágios pelos quais as pessoas passam quando estão no final da vida: negação, raiva, barganha, depressão e aceitação.

Podemos refletir sobre esses estágios no processo de elaboração do luto, diante de qualquer tipo de perda importante em nossas vidas, seja ela por separações, doença, mudanças significativas, amputações, dentre outras. Todas essas perdas fazem com que passemos por uma avalanche de emoções, para posteriormente conseguirmos nos organizar e darmos um novo sentido em nossas vidas.

Elizabeth Kubler-Ross classificou essas cinco fases mencionadas como parte do processo de elaboração do luto. Isso não quer dizer que elas obrigatoriamente sigam uma sequência ou que tenham que ser vivenciadas da mesma forma por todas as pessoas. Vamos refletir um pouco sobre cada uma dessas fases.

• Negação e isolamento: dá-se com o impacto inicial da notícia, onde pode ocorrer uma paralisação: a pessoa não consegue dar seguimento a pensamentos. Também é comum nessa fase que se tente negar o ocorrido, não acreditando naquilo que está acontecendo. A negação é uma defesa temporária, sendo logo substituída por uma aceitação parcial. Também é comum a transição entre falar sobre a realidade do assunto em um momento e, de repente, negá-la completamente. Já pude testemunhar várias situações em que vi pessoas vivenciando esse estágio da negação. Elas não acreditam ou costumam dizer que é como se a pessoa não tivesse morrido.

• Raiva: surgem sentimentos intensos, como raiva, revolta, inveja e ressentimentos, além da clássica pergunta: "Por que eu?". Esta raiva, geralmente, é projetada no ambiente externo, sob a forma de inconformismo. Nesse momento os familiares podem sentir pesar, culpa ou humilhação. No caso referido da mulher que perdera o filho, era esse estágio da raiva que ela estava vivenciando. A sua raiva era contra Deus, mas poderia ser contra qualquer outra pessoa: o médico, alguém que causou o acidente, quem estava cuidando do enfermo, algum parente que não deu atenção.

• Barganha: após ter se revoltado, sem de nada adiantar, passa-se a utilizar inconscientemente um outro recurso, na tentativa de promover algum tipo de acordo que faça com que as coisas se restabeleçam. Geralmente, algo voltado para a religiosidade. Ex.: promessas, acordos, pactos, geralmente em segredo. É o estágio em que silenciosamente a pessoa negocia: entrego meu ente querido, mas quero determinada coisa em troca.

• Depressão: ocorre um sofrimento profundo, onde já não se pode mais negar os acontecimentos nem se revoltar contra eles. É a fase de introspecção profunda e necessidade de isolamento. Creio que é nesse estágio que se faz necessária a presença de pessoas de fé em torno do enlutado. Não é preciso dizer muitas palavras, pois o jeito de viver vai dando-lhe alento. Um pouco de isolamento e depressão são compreensíveis. O problema se agrava, caso se prolongue por muito tempo, sem passar para a etapa seguinte.

34

• Aceitação: tendo superado as fases anteriores, percebe-se e vivencia-se uma aceitação do rumo das coisas. Os sentimentos não estão mais tão à flor da pele, como se a dor tivesse esvanecido, a luta tivesse cessado. As coisas passam então a ser enfrentadas com a consciência das possibilidades e das limitações.

Pensar sobre estes estágios faz bem na elaboração do luto. A psiquiatra Elizabeth Kubler-Ross apresentou com muita clareza estes estágios que se aplicam a várias situações de perdas, não só no caso da morte. Podem ser aplicados no caso de notícia de uma doença grave e até na mudança de sistemas, de governo, de funcionários, de administração, de residência e em muitas outras situações.

Você está vivendo o luto e creio que esteja vivenciando alguma destas etapas. Não necessariamente elas acontecem na sequência com que foram apresentadas, pode haver uma inversão.

Meditação

Texto bíblico: Jo 16,16-33.

1. Reflita sobre o texto bíblico e faça sua oração a partir dele.

2. Quais sentimentos estão presentes em você, devido à morte de seu ente querido?

3. Em qual dos estágios apresentados pela psiquiatra Elizabeth Kubler-Ross você se encontra agora?

4. Quais estágios já vivenciou?

5. A tomada de conhecimento desses estágios lhe traz algum bem-estar?

6. Numa perspectiva cristã, você acrescentaria mais algum estágio?

10. Deixar o que parece ser, para ser o que realmente é

Certa vez participei da celebração de uma missa de corpo presente do pai de um seminarista. Eu era formador de padre naquela ocasião. Ao final da missa, eu quis fazer uso da palavra. Sei que no momento da morte as pessoas não estão muito interessadas em ouvir. Os familiares, especialmente, precisam de silêncio e de muita solidariedade, mas sem palavras. Nessa hora vale mais um abraço, mas nem todos devem abraçar. É preciso perceber se o enlutado está aberto a acolher o abraço. Normalmente são bem-vindos os abraços das pessoas amigas.

Naquela missa eu conhecia apenas o seminarista enlutado. Sabia o quanto ele estava sofrendo. Resolvi, então, dizer umas palavras, e o que me veio na mente foi dizer que na morte nós deixamos o que aparentamos ser para ser o que realmente somos. Quando eu disse isso, algumas pessoas me olharam assustadas, e tentei me explicar, mas creio que poucos ou quase ninguém tenha entendido, pois naquela hora não havia muito espaço para a reflexão, uma vez que a emoção estava falando por sim mesma.

Durante os anos da história humana de cada filho de Deus, a vida vai ganhando visibilidade. Aos olhos das outras pessoas, crescemos em tamanho, ganhamos peso, altura. O conhecimento aumenta e até pode ser medido através das avaliações escolares. A família também se amplia e algumas pessoas conseguem acumular alguns bens materiais e espirituais. Tudo o que se vive e se constrói vai dando certa visibilidade para a pessoa, de tal forma que, quando se pronuncia o nome de alguém, vem à mente tudo o que envolve essa pessoa. Entretanto, há algo mais profundo em cada ser que vai além do que é visível, a começar pela vocação de ser imagem e semelhança do Criador. Quando nasce uma criança, vemos diante de nós uma vida criada por Deus à sua imagem e semelhança. Esse ser poderá sofrer as deformações do mundo bem

36

como crescer em amor e ternura. Enquanto se vive no mundo, há lampejos de bondade e maldade. O joio cresce no meio do trigo. Somente no fim acontece a colheita e a separação. O trigo representa o projeto criador do Pai. Deus cria para a vida, para a bondade. O que existe de ruim não é projeto de Deus. É consequência do risco de viver no mundo também afetado pelo mal, mas salvo em Jesus Cristo.

Na morte nos apresentamos diante de Deus como realmente somos, e não como pretendemos ou gostaríamos de ser. Deus, que é amor, nos envolve e nos põe definitivamente dentro de sua vida, e de nossa aparência fica só a essência do ser que nasceu de Deus. Quanta liberdade e alegria, quando cessarem as aparências, as imagens criadas por nós e pelos outros, as projeções mentais, para ficar somente o mistério de uma vida criada e vivida diante do mistério do Criador que eternamente vive. Então, na morte deixamos o que apresentamos ser para nos revelarmos como realmente somos, porque nossas apresentações são ainda muito limitadas pelo tempo, espaço e condicionamentos humanos e históricos. Há em nós um pouco do que seremos, mas isso está encoberto, e somente a libertação final nos possibilitará ser plenamente o que somos.

Meditação

Texto bíblico: Mt 13,24-30 (parábola do joio e do trigo).

1. Como imagino que Deus realizou a colheita de meu ente querido?

2. Reflita sobre o encontro do seu ente querido com Deus, liberto de todas as condições físicas, aparências, bens, conquistas, imagens construídas.

3. Qual mensagem a parábola do joio e do trigo lhe inspira nesta sua condição de luto?

4. A parábola se refere a uma pessoa ou ao mundo criado por Deus?

5. Reflita sobre a paciência de Deus para com seu ente querido, não lhe arrancando o joio antes do tempo, para não prejudicar o que de mais precioso ele tinha?

6. O que é agora diante de Deus aquele que não mais está junto de você?

7. Como será que foi para o seu ente querido deixar de ser o que pensava ser, para ser o que ele realmente agora é?

8. Reze agradecendo a Deus por seu amor e presença na vida daquele que agora está diante dele e que lhe provocou tanto sofrimento.

11. O túmulo que se esvazia

No começo do meu ministério sacerdotal minha mãe faleceu. Visitei várias vezes o seu túmulo. Sempre tive a consciência de que ali estavam apenas os seus restos mortais. Ela não estava no túmulo, pois a fé me leva a imaginá-la participando da vida eterna junto a Deus, e não residindo na região dos mortos, dentro de um túmulo. As visitas ao túmulo eram uma espécie de unidade com ela e de manifestação de respeito a seus restos mortais.

A imagem que conservava era a de seu corpo estendido dentro da urna, como vi no dia do seu sepultamento. Essa imagem me fez refletir ainda mais sobre a fragilidade da vida. A carne volta a ser pó. Os ossos demoram um pouco mais, mas com o tempo seus elementos vão se diluindo e se reintegrando à natureza. O que resta da pessoa?

Na entrada do cemitério de uma cidade de Minas Gerais, vi o seguinte pensamento: "Fui o que tu és e tu serás o que eu sou". Creio que a intenção de quem criou essa frase seja dizer o seguinte: "Estive vivo e hoje estou morto e você também passará por essa mesma situação". A nova condição do ser humano após a morte pode ser interpretada a partir de dois pontos de vista. Do ponto de vista materialista, pode-se dizer: "Estive vivo, trabalhei, consegui muitos bens, e hoje virei pó". Do ponto de vista espiritual a visão muda: "Estive vivo, lutei, trabalhei, terminou minha vida no mundo, fui sepultado e hoje sou vivo em Deus".

O corpo e os ossos dentro de um túmulo têm um valor simbólico. São sinais de uma vida. Precisam ser respeitados. Eles possuem também um valor afetivo, pois têm um significado para os parentes e amigos da pessoa falecida.

Um saco de ossos e um corpo no túmulo é uma realidade que sempre vai existir. Os túmulos das famílias vão sendo abertos para acolher novos corpos, e assim sucessivamente. No túmulo de Jesus há algo diferente.

Eu já tive a oportunidade de entrar no túmulo de Jesus por duas vezes. Ele está completamente vazio. Não existe nada lá dentro. O vazio do túmulo é sinal da ressurreição. "Por que procurais entre os mortos aquele que está vivo? Ele não está aqui, mas ressuscitou" (cf. Lc 24,5-6). Esse anúncio começou a ser feito e foi dando vida aos discípulos que estavam enlutados.

A certeza da ressurreição, garantida por Jesus, dá conforto e esperança a todos os enlutados.

A você que está enlutado, que Deus lhe conceda a graça de sair do túmulo existencial que o faz sofrer, para entrar no coração amoroso de Jesus, no qual todos encontram descanso.

Meditação

Texto bíblico: Lc 24,36-43.

1. Nas visitas aos cemitérios, quais sentimentos se fazem presentes em você?

2. Como você tem lidado com objetos que recordam o seu ente querido?

3. A sua fé ultrapassa o túmulo?

4. Faça uma leitura orante do texto bíblico.

5. O que diz o texto?

6. O que o texto está dizendo para você?

7. O que este texto lhe ajuda a rezar? Faça sua oração a partir dessas inspirações.

8. Como e em que este texto o ajuda a viver?

12. Subir brincando com as estrelas

Certa vez, lendo um jornal, encontrei um pensamento, de cujo autor não me recordo, e o achei tão bonito e poético, que permiti que ele me acompanhasse nos caminhos de minha vida. As palavras suaves daquela ideia se referiam à viagem do ser humano para a eternidade. A ida sem retorno seria vagarosa e com tempo disponível para brincadeiras. Eis o texto: "Quando eu viajar para a eternidade de Deus, quero aproveitar para brincar com as estrelas e chegar perto do Pai feliz por me ter dado tantos brinquedos nesta última viagem".

Gostei desse jeito sereno de encarar a viagem para o Pai. A inspiração certamente veio da imaginação das crianças, que, ao olharem para o azul da abóboda celeste, começam a fazer um exercício de imaginação. Principalmente as crianças da zona rural, que, quando olham para o céu e o veem todo ornamentado com pontos de luzes, ficam imaginando o céu como uma cidade de paz governada por Deus.

Recordei-me de que minha comadre perdera seu filho de uma forma dramática, pois ele fora queimado no meio do canavial. Quando foi encontrado, ainda estava com vida, foi levado para o hospital, mas não resistiu e, então, fez sua viagem para o Pai. Ela, à noite, olhava para o céu, via as estrelas e dizia que certamente uma daquelas era seu filho. E como mãe sempre ama muito e valoriza seus filhos, ela escolheu a estrela que tinha maior brilho. Refletindo com ela, procurei aproveitar sua imaginação para fazer com que sua fé a levasse para além das estrelas, que têm vida limitada. Eu quis ajudá-la para que a sua reflexão alcançasse a luz eterna.

O pensamento que encontrei no jornal não faz referência ao início da viagem para o Pai. Muitas pessoas, ao se depararem com aquele pensamento poético, talvez entendam que é na morte que se dá a entrada na nave que conduzirá o indivíduo finito para o Pai Infinito. Se assim for, pode-se perguntar sobre o que se faz antes de se dirigir para a plataforma de lançamento da nave, ou, ainda, se nesta vida não há tempo para brincar.

Vamos partir de uma comparação. Os pais sempre veem seus filhos como meninos, até mesmo depois de adultos. Muitas vezes até se referem aos filhos adultos como se fossem crianças. Penso que Deus, muitas vezes, nos vê como crianças que aprendem brincando. Jesus mesmo pediu a seus discípulos que fossem como crianças. "Em verdade vos digo que, se não vos converterdes e não vos tornardes como crianças, não entrareis no Reino dos Céus" (Mt 18,3). Como crianças de Deus, antes mesmo de nosso nascimento, já começamos a participar do seu mistério.

A partir da concepção, quando o filho está no útero da mãe, já é tempo de apreciar a "arte de viver". Na arte da vida há sim muitas brincadeiras. A própria gestação é tempo propício para brincar, nadar no líquido amniótico, bater nas paredes uterinas e dar sinais de movimento para os que estão fora, aguardando ansiosos pelo nascimento. Os pais ficam alegres quando percebem o movimento da criança na barriga da mãe.

A brincadeira torna leve o fardo. É preciso descobrir a leveza de viver participando melhor das comédias de nossas vidas. Provoca muitos risos nos outros quem vence a censura e fala com espontaneidade das coisas engraçadas acontecidas que lhe acontecem. Como dizem na gíria, "os micos que pagou". Uma análise mais profunda levará a perceber que "esse mico" trouxe algum ensinamento.

Dizem que em cada brincadeira há um pouco de verdade. É preciso descobrir qual ensinamento existe na imagem de quem sobe para o céu brincando com as estrelas. Toda brincadeira sadia faz a alegria ressurgir, possibilitando à pessoa ser ela mesma diante da outra. Chegaremos a Deus não com o nosso eu imaginário, mas sendo o que realmente somos, sem máscaras. Nele descobriremos uma alegria maior do que todas as outras experimentadas.

A alegria é dom divino especialmente em quem ama. "Eu vos disse isso, para que a minha alegria esteja em vós, e a vossa alegria seja completa" (Jo 15,11). Jesus refere-se à alegria de quem permanece nele, assim como os ramos da videira permanecem ligados ao tronco.

Viver na graça é viver a unidade com Cristo, é encontrar a paz que vem de Deus e que permite até mesmo na cruz cantar hinos de glória. Muitos mártires morreram cantando. Somente a fé, o amor e a percepção de aspectos maiores fazem a pessoa não se perder nas horas escuras da vida. Viajar para o Pai é maravilhoso, e, por isso, não percebemos que o tempo está passando. Quando menos esperamos, já estaremos mergulhados no infinito. Feliz de quem viaja não só com a mente no objetivo final da viagem, mas acolhe as graças, contempla as belezas que o percurso oferece. Feliz de quem sobe brincando com as estrelas que iluminam o céu de sua vida.

Com a morte de um ente querido, parece que a noite chega e dá vontade de se recolher. Para muita gente a noite traz medo, pois nela acontecem muitas barbáries, mas pensemos que é justamente na noite que as estrelas aparecem. Um pouco de imaginação sadia faz bem. Alargue sua imaginação para a beleza da viagem que seu ente querido realizou para encontrar-se com o Pai. Imagine como ele deve ter subido fazendo bom uso dos presentes que Deus lhe deu, e por isso deve ter chegado muito alegre e feliz à presença de Deus. Mas a alegria da viagem era apenas uma parcela da alegria maior que o Pai lhe tinha reservado para oferecer, como diz o canto: "A certeza que vive em mim é que um dia verei a Deus: contemplá-lo com os olhos meus é a felicidade sem fim". A felicidade eterna é nossa nova terra prometida. Quando alguém morre, significa que entrou na terra que "mana leite e mel", como Deus prometeu a Moisés (Ex 3,8).

Meditação

Texto bíblico: Jo 14,1-6.

1. Faça um exercício de imaginar os sentimentos de seu ente querido desde o momento em que morrreu até seu encontro definitivo com Deus.

2. Enquanto seu ente querido estava vivendo neste mundo, quais coisas gostava de fazer e que lhe davam alegria, prazer espiritual, deixando-o bem-humorado? Quais presentes Deus lhe ofereceu e como ele os usou?

3. Tente imaginar como foi o encontro de seu ente querido com Deus na eternidade.

4. Faça uma meditação seguida de oração a partir da leitura dos textos.

13. O sentimento da saudade

Não é muito fácil dar a notícia da morte de alguém. Dependendo do grau de ligação que a pessoa que vai receber a notícia tem com o falecido, a dificuldade é maior ainda. É preciso uma grande habilidade para que a notícia não cause um desastre interior e mate suas esperanças. Sabemos que nem sempre essa habilidade existe. O importante é não cristalizar a vida ou os sentimentos na lembrança do anúncio da morte, mas olhar além.

O anúncio da morte de um cristão poderia ser assim: fulano de tal faleceu hoje, passando a viver plenamente em Deus. Ele nasceu no caminho da ressurreição e prosseguiu nele até a vida eterna. As portas do céu se abriram para acolher fulano, que já não mais vive entre nós.

Quando morre alguém conhecido nosso e querido, morremos um pouco com essa pessoa. A morte da pessoa amada é uma oportunidade para que cada um morra um pouco também. A morte deixa um vazio, uma sombra, causa um estremecimento interior que deixa as pessoas abaladas, provoca um espanto. Todos estes sentimentos podem ser iluminados pela fé.

Aos poucos, vamos nos despedindo daquela pessoa que partiu. Esse processo da despedida precisa ser iluminado por um sentimento de fé e esperança. Nascemos no caminho da ressurreição e trilhamos nele até a eternidade.

Chega o anúncio da morte e, então, aquela pessoa que amávamos passa a não mais existir. Não a veremos mais. Como vamos continuar amando essa pessoa, uma vez que ela não mais está entre nós? O amor continua em forma de saudade. A saudade é o amor que fica.

Certa vez ouvi pelo rádio uma história que me chamou a atenção e que se referia a uma criança que estava em fase terminal no hospital e era acompanhada por sua mãe. A criança sabia que iria morrer. Sabia que seus dias estavam chegando ao fim. Os agentes de saúde que cuidavam dela estabeleceram com ela um

44

bom relacionamento. Ficaram amigos. Um dia, o médico aproximou-se dela e começou a questioná-la sobre a vida e a morte. Perguntou como estava sua mãe. A menina lhe disse que, embora não quisesse demonstrar, ela sabia que sua mãe estava sofrendo, pois saía para o corredor para chorar. O médico perguntou-lhe como achava que sua mãe ficaria depois da sua partida. A menina lhe disse que ela certamente sentiria saudades. Houve um silêncio e, depois, mais uma pergunta do médico: "O que é a saudade?". Mais um pouco de silêncio e a menina balbuciou dizendo: "Saudades é o amor que fica". Talvez esta seja uma das definições mais bonitas de saudade.

Certa vez, li em um muro o seguinte pensamento: "Temos saudades não porque estamos longe, mas porque já estivemos perto". Quem conviveu e amou sente saudade. A morte de uma pessoa querida faz surgir o sentimento de saudade porque houve amor. A saudade sentida é o amor que ficou.

Deus nos capacitou para nos acostumarmos com as ausências. O tempo vai passando e o sentimento de saudade vai sendo administrado de tal forma, que passamos a lembrar de quem se foi sem sofrer como no início.

Nós nos acostumamos a tudo nesta vida. Viver é adaptar-se. Acostumamo-nos com pessoas, situações, ambientes, fartura, falta e até com a ausência das pessoas que se foram. Não esquecemos, mas lembramos com menos sofrimento e nos adaptamos a essa nova realidade.

Meditação

Texto bíblico: Sl 41.

1. Relacione sua saudade com a confiança em Deus.
2. Como você recebeu a notícia do falecimento do seu ente querido?
3. Imagine como Deus lhe comunicaria a morte de seu ente querido?

4. A sua saudade o está levando para trás ou para a frente? Até onde ela pode levá-lo?

5. O que tem feito para adaptar-se a essa nova situação que está vivendo?

6. Sendo a saudade o amor que fica, tente imaginar o encontro do amor que ficou com o amor eterno.

7. Reze meditando o Salmo 41.

14. Morte e sepultamento do pai

Alguns filhos acompanham de perto a morte e o sepultamento de seus pais. Não é uma experiência fácil de ser vivida. Os sentimentos que nascem desta situação variam de pessoa para pessoa. Eu também vivi essa realidade. Muitas pessoas me disseram que eu estava sereno, mas internamente tinha também as minhas tribulações e angústias, mas Deus me deu muita força. Vou relatar um pouco dessa experiência.

Tudo estava preparado para celebrar os 80 anos de vida de meu pai. Seria uma festa simples. O que ele mais desejava eram orações. Eu iria celebrar a missa na casa onde ele residia. Ele gostava de participar da missa, então, quando eu ia de férias celebrava a missa aí. Ele tinha grande amor pela Eucaristia. E havia escolhido os cânticos para a missa de ação de graças pelos seus 80 anos.

Mas a idade foi avançando e as doenças chegando. Ele não gostava de ir ao médico, mas nos últimos tempos estava sendo necessário. No mês de sua morte ele esteve internado várias vezes.

Quando fui nomeado bispo, numa das visitas que lhe fiz, ele me perguntou se, caso precisasse, eu poderia vir a minha terra com alguma urgência, e respondi a ele que sim. Creio que estava pensando nele mesmo. Caso ficasse gravemente enfermo ou viesse a falecer, queria ter certeza de que eu estaria presente.

Certa manhã, meu sobrinho me telefonou dizendo que meu pai não estava bem e que fora internado. Sabendo que sua saúde estava fragilizada, decidi ir visitá-lo. Sempre que o visitava, sabendo de sua enfermidade e idade avançada, quando ia embora ficava questionando se seria aquela a última vez que o encontraria vivo. Mas sempre tinha oportunidade de voltar e o encontrava animado, sorrindo, abençoando os filhos e contando suas histórias.

47

Tomada a decisão de ir vê-lo, comecei a viagem com grande preocupação, mas, no meio do caminho, falei com minha irmã e ela me disse que ele havia melhorado. Cheguei no dia seguinte. Visitei-o no hospital e fiquei com ele um bom tempo. No dia seguinte, fui ao hospital à tarde, para acompanhá-lo e pernoitar ali. Ele parecia estar bem e até cantou uma pequena música.

À meia-noite, começou a passar mal. Pediu que pudesse levantar e ficar sentado. Tomou um calmante e depois pediu para ir ao banheiro. Ao retornar, deitou-se e disse que não iria incomodar mais. Eu rezei a Deus dizendo que meu pai estava em suas mãos. Ele pertencia a Deus e este sabia qual era a sua hora. Às quatro da manhã, a enfermeira o atendeu. Ele pediu para urinar. Em torno das seis da manhã, teve uma parada cardiorrespiratória e faleceu. Naquela agonia, chamei os enfermeiros, mas percebi que ele estava morrendo. Levaram-no para a sala de emergência, o médico prestou socorro, mas não houve como reanimá-lo. Então, fui chamado na sala e o médico confirmou que ele havia falecido. Eu disse ao médico. "Ele está com Deus". No momento da sua morte, rezei em silêncio, entregando-o nas mãos de Deus e pedindo forças para mim e para a família. Deus me trouxe de longe para assistir a sua morte.

Fiz a comunicação aos meus irmãos, preocupando-me em não anunciar a morte como uma tragédia, mas como término de uma missão e encontro com Deus. No seu velório, rezamos muito. Muitas pessoas se fizeram presentes. Presidi a missa de corpo presente, na qual foram cantadas as músicas que ele havia escolhido para o seu aniversário. Nestas horas a gente não tem muitas palavras a dizer. Sabia que não estava ali para dizer mensagens, mas para sepultar meu pai, embora tenha pronunciado algumas palavras.

Numa das missas que celebrei em casa, enquanto meu pai estava vivo, no momento de partilhar a Palavra de Deus ele disse: "Desde que nascemos, já nascemos no caminho da ressurreição". Usei este seu pensamento na homilia e também na lembrança da sua missa de sétimo dia. Como é bonito saber que a morte não terá a última palavra sobre nós, mas, sim, a vida. Desde o nascimento, caminhamos para a plenitude da vida.

Senti a sua morte, como filho. Disse a meus irmãos que aquela dor era para nós. Somente nós poderíamos vivê-la, e essa vivência nos traria mais vida. A morte não é o fim, e esperamos nos ver na eternidade. Por isso, cremos que os ressuscitados nos esperam na eternidade.

Na lembrança de sétimo dia, quis apresentar uma mensagem de esperança. Há, sim, um vazio, uma dor, mas este vazio vai sendo preenchido pela fé. A história de meu pai está dentro da história da humanidade, e toda essa história humana é abraçada, amada e redimida por Jesus.

Nascemos de Deus e para ele retornamos. Chegamos à eternidade não vazios, mas com as marcas da história que participamos. A sagrada história de vida da humanidade está profundamente assinalada com a redenção. Cristo, abrindo--nos as portas da eternidade, preencheu com a esperança da ressurreição todo o vazio deixado pela morte.

Nós, a família de Messias Carlos, ainda vivendo este tempo de luto, agradecemos todas as manifestações de solidariedade.

Estamos aprendendo a conviver com um novo jeito de nos relacionarmos com aquele que amamos e que muito nos amou. Do céu, ele olha para nós e nós esperamos encontrá--lo na eternidade.

Posteriormente, pensei em duas inseguranças da vida: a dos primeiros passos da criança até a firmeza de quem aprendeu a caminhar e a outra, a de quem, fragilizado pela enfermidade, estava perdendo as forças. Meu pai tinha aprendido a andar em Cristo, e na sua agonia de morte estendeu as mãos como que segurando nas mãos de Deus, para, com segurança, dar seus primeiros passos na eternidade. Ali, a seu lado, estava o seu filho bispo. As mãos do bispo, na teologia do ministério, representam as mãos de Deus cuidando da humanidade, por isso, muitas pessoas gostam de beijar as mãos do bispo. As mãos de meu pai, que muitas vezes tinham me abençoado, agora se despediam segurando nas mãos de Deus para caminhar plenamente nele. Assim terminaram seus dias: era manhã do dia 31 de outubro de 2011.

Meditação

Texto bíblico: Jo 12,23-28.

1. Reze meditando as palavras do texto bíblico.

2. Jesus, sabendo que sua hora estava chegando, não pediu para livrar-se da morte, e tomou ainda mais consciência do motivo de sua vinda. Como podemos glorificar a Deus com nossa morte? Como foi a glorificação de Deus na morte do seu ente querido?

3. Faça uma oração contando para Deus como foi a morte de seu ente querido e peça a ele a graça de iluminar esse seu luto com o dom da fé.

4. Tem acontecido algum progresso na administração da dor do seu luto?

5. Para você, o que significa nascer no caminho da ressurreição?

6. Normalmente, toda morte de pessoas próximas deixa arrependimento, sentimento de culpa. Qual sentimento ficou em você? Como tem entregado a Deus este sentimento, uma vez que ele é o único que pode solucionar seu problema?

15. Enlutados de Emaús

Certa vez participei de uma liturgia confortadora. Era a missa de sétimo dia de um bispo que havia falecido tragicamente em um acidente automobilístico. Os textos bíblicos selecionados para a ocasião apresentaram o dilema do apóstolo Paulo e a situação dos discípulos de Emaús. Paulo se questionava se deveria permanecer na terra ou partir para o céu. Os discípulos de Emaús estavam confusos com a morte e a ausência de Jesus.

Quando morre alguém muito próximo de nós, um parente querido, um amigo, ficamos com nossos sentimentos abalados, como os dos discípulos de Emaús, e a vontade que temos é de fugir, se distanciar e ficar em silêncio. Era isso que os discípulos estavam fazendo. Eles saíram de Jerusalém e se dirigiram tristonhos para o povoado de Emaús. Conversavam justamente sobre a morte de Jesus, quando ele se aproximou. Ele lhes explicou as escrituras de tal forma, que fez os corações daqueles enlutados arderem de amor. Quando chegaram ao local onde iriam pernoitar, convidaram Jesus para permanecer com eles. Ao partir do pão, seus olhos se abriram e reconheceram que era o Senhor.

Os discípulos de Emaús não pensavam em outra coisa senão na morte e no fim de tudo. Para eles, estava acabado, não existiam mais projetos. Eles não conseguiam ver esperança nem mesmo nas palavras que Jesus lhes havia dito anteriormente. O luto os tornou cegos, tornou-se algo doentio dentro deles.

Foi gratificante essa experiência dos discípulos de Emaús, que, embora peregrinando com muita dor e muita saudade dentro deles, ficaram atentos aos ensinamentos daquele que se aproximou e lhes disse palavras tão profundas, que fez seu coração arder.

Cristo ainda hoje continua se aproximando de cada pessoa enlutada e lhe diz palavras animadoras, para ajudá-la a viver o amanhã de sua vida. Essa aproximação de Cristo pode ser através da liturgia, da meditação, da oração, de alguém que chega e diz uma palavra de esperança. Há variadas formas de Jesus se comunicar com seus filhos.

Caso esteja vivendo o luto, faça essa experiência de pedir a Jesus que permaneça com você e que, no momento certo, seus olhos se abram e a alegria da vida do céu chegue até você, tome conta do seu interior. Assim, poderá dar aos outros a alegre notícia: "Tenho um ente querido vivo junto de Deus. Estou feliz porque tenho a certeza de que ele vive plenamente em Deus. Ele encontrou-se definitivamente com a Beleza Eterna. Saiu de nosso meio, deixou esta terra para habitar em Deus. Os restos de seu corpo estão no cemitério, mas sua vida permanece em nossas lembranças, e sua vida em plenitude está em Deus. Ele permanece na paz eterna".

Quando isso acontecer, é porque a experiência dos discípulos de Emaús se tornou concreta em sua vida. Pode ser até que demore um pouco, não seja dentro do tempo que espera, mas será no tempo de Deus, que é diferente do nosso. O importante é permitir que Cristo caminhe a seu lado e, vez por outra, faça o seu coração arder. Não se esqueça de fazer o convite, no fim do dia de trabalho, para que ele fique com você e de que esse convite precisa ser muito afetivo.

Meditação

Texto bíblico: Lc 24,13-35.

1. O que diz o texto dos discípulos de Emaús?
2. O que este texto do Evangelho diz a você neste momento de luto?
3. Você está fugindo de alguma situação?
4. Existe alguma cegueira em você neste momento?
5. Você está vivendo o luto como os discípulos de Emaús, ou seja, ouvindo a Palavra de Deus, que faz seu coração arder?

6. Que semelhança existe entre você e os discípulos de Emaús?

7. A partir da meditação deste texto, qual a graça que você pode pedir a Deus?

8. O que pode agradecer?

9. O que é preciso fazer para que seus olhos se abram e você contemple a beleza da vida eterna que seu ente querido está vivendo?

10. Termine sua meditação fazendo sua oração pessoal.

16. Oração da serenidade

"Concedei-me, Senhor, a serenidade necessária para aceitar as coisas que não posso modificar, coragem para modificar aquelas que posso e sabedoria para distinguir umas das outras."

Essa oração tem ajudado muitas pessoas nas mais variadas situações de vida. Muitas vezes, a pessoa fica brigando consigo mesma, com os outros e até com Deus, na tentativa de resolver algo que não consegue. A solução está dentro de si. Basta construir um processo de aceitação.

Nas casas de recuperação de dependentes químicos reza-se com frequência essa oração. Na maioria das vezes, devido a algum problema não resolvido, as pessoas caem em depressão, entram nas drogas, nos vícios. Qualquer tipo de droga é buscado como uma solução enganosa para o problema. Nas casas terapêuticas, a pessoa vai se descobrindo, toma contato com as situações que podem ou que nunca poderão ser mudadas. Neste caso é preciso aprender a conviver com a situação.

O primeiro pedido da oração mencionada visa ao alcance da graça da aceitação: "Concedei-me, Senhor, a serenidade necessária para aceitar as coisas que não posso modificar".

O luto é uma realidade que não podemos mudar. Uma vez que o luto chega na vida das pessoas, não há como negá-lo. É preciso aceitar essa condição. Há pessoas que passam a vida inteira se questionando sobre o porquê da morte daquela pessoa tão amada.

Não podemos mudar também as pessoas e nem querer que elas sejam iguais a nós. Cada um tem a sua personalidade. Não podemos mudar a Deus e nem o seu jeito de agir. Não podemos mudar o passado. A serenidade de aceitar o que não se pode mudar é uma graça a ser pedida sempre.

O segundo pedido da oração refere-se à coragem de modificar aquilo pode ser mudado. Podemos mudar o nosso jeito de ser.

A Igreja chama essa mudança de conversão. Podemos também modificar o jeito de relacionar-se com as pessoas, com as coisas, com as situações. A transformação neste caso não vem de fora, mas de dentro, do interior.

Não podemos mudar o luto, mas é possível mudar a compreensão a respeito dele, assim como é possível mudar nosso jeito de nos relacionarmos com as pessoas, quer estejam enlutadas ou não.

Podemos modificar nossas emoções, colocando esperança, amor, coragem, paz e alegria, em lugar de amargura, temor, desgosto, ódio e ressentimento. Tudo isso é possível, basta perceber a necessidade de fazê-lo e começar a agir.

Finalmente, na oração pede-se a graça para distinguir uma das outras, ou seja, distinguir o que pode ou não ser mudado. Feita essa distinção, é preciso prosseguir o caminho.

Se está vivendo o luto, procure rezar várias vezes essa oração e pedir a graça de conseguir aceitar a morte do ente querido. A aceitação é um importante remédio para a dor.

Meditação

Texto bíblico: Rm 8,35-39.

1. O que o texto bíblico lhe diz?
2. Faça uma oração a partir do texto bíblico.
3. Existe alguma possibilidade de você ficar livre do luto?
4. Como está trabalhando a questão da aceitação do luto?
5. O que pode ser mudado em você?
6. O que não pode ser mudado em você?
7. Como encontrará coragem para conviver com aquilo que não pode ser modificado?
8. Faça uma lista do que pode ou não ser mudado em você e para você?
9. Recorde-se do testemunho de aceitação da parte de algum santo ou de alguém conhecido.

17. A chegada das almas ao céu

Neste capítulo convido você a fazer um exercício de imaginação. Uma fantasia saudável. Você deverá usar o recurso de sua mente para se projetar na eternidade.

Imagine-se sentado em uma sala de espera no saguão principal do céu, enquanto acontece a recepção das pessoas que ali chegam para habitar na eternidade. Elas são muitas. Algumas vêm sozinhas, outras estão acompanhadas, algumas em pequenos grupos e outras em grandes grupos. Cada uma traz consigo uma história, de acordo com o tipo e o tempo de vida que teve, desde a vida intrauterina até a infância, adolescência, juventude, maturidade e velhice. Não dá para relatar essas histórias aqui. São milhares e milhares de histórias, desde que o mundo foi criado até hoje. Muitas vidas chegam aos céus, cada uma com sua história.

Olhe com atenção o semblante de quem chega trazendo as marcas de seus últimos minutos na terra. Algumas chegam sem saber por que estão ali. Penso naquelas pessoas que morrem dormindo. Outras demonstram ter finalmente encontrado o descanso, depois de longos anos de sofrimento na terra. Outras chegam ainda assustadas, porque morreram de acidente, assassinadas. Outras chegam meio anestesiadas, porque ainda estão sob o efeito de drogas, anestésicos. Outras são tão distraídas, que nem sabem que estão chegando ali. Outras chegam em grupo, devido a um grande acidente ou a alguma catástrofe. São variadas a formas de chegar ao céu.

Nesse instante acontece o encontro com Deus, que sempre amou e ama os que estão chegando. Como o amor cura, e Deus é amor, penso que o encontro com ele reconstrói toda ferida, toda dor do passado, e nos abre para um insondável mistério de contemplação, por isso que a esperança cristã é sempre maior do que qualquer fato, ainda que ele seja difícil de ser compreendido.

Feliz de quem já começa neste mundo a fazer um caminho de crescimento na direção de Deus, pois se assemelha ao sol que vai crescendo no calor até o seu amadurecer, quando se põe à tarde.

Preparemos a nossa entrada na eternidade e aceitemos o fato de algumas pessoas queridas já terem entrado antes de nós no céu, isso visto numa linha temporal, porque para Deus não existe tempo, ele sempre é. Nesta perspectiva de Deus ser atemporal, diz-se que o tempo existe apenas para nós, mas para Deus não. Então, iremos todos nos encontrar com Deus eternamente. Em Deus, estaremos juntos com os que se foram deste mundo antes de nós, ou seja, do ponto de vista do tempo, chegaremos juntos no mesmo instante. Isso será maravilhoso. Será uma grande festa. A festa do encontro e da festa eterna preparada por Deus para todos os seus filhos e filhas.

Meditação

Texto bíblico: Ap 21,1-7.

1. Medite e reze o texto bíblico.

2. Imagine como é o novo céu e a nova terra prometida por Deus e que já não são mais desconhecidos de seu ente querido.

3. Permita que Deus enxugue as suas lágrimas. Reze para que isso aconteça.

4. Como imagina ter sido o encontro de seu ente querido com Deus?

5. Como se prepara para ter seu encontro com Deus na eternidade?

6. O que é melhor: ficar preso à morte ou pensar no que vem depois dela?

7. Numa perspectiva de fé, imagine ser Deus concedendo a paz eterna a seu ente querido? Que sentimentos se tornam perceptíveis nele e em você.

18. Mensagem aos enlutados

O luto é algo que sempre existiu na terra. Desde que começou a haver vida, a morte também passou a existir. Essa situação vai perdurar pelos tempos afora, enquanto houver vida. "Segundo uma parábola, uma mulher procura Buda para reviver o filho. Buda pede a ela grãos de mostarda de uma casa em que nunca tenha morrido alguém. A mãe não encontra e entende que teria de conviver com a morte."

As formas de lidar com a morte variam muito de pessoa para pessoa, de cultura para cultura. Em algumas culturas existe muito choro, muita tristeza, cantos fúnebres. Já em outras culturas, costuma-se ouvir cânticos alegres e até servir comidas saborosas.

O certo é que a morte é verdadeira, e se faz necessária uma palavra amiga aos enlutados, uma mensagem, uma presença solidária. Principalmente tendo em conta a nossa cultura, em que o sentimento de perda pode se tornar tão intenso .

No dia da morte, normalmente aparecem muitas pessoas. Dependendo da condição social do falecido, surgem até bastante curiosos no velório.

Já os enlutados, depois do sepultamento do ente querido, vivem um vazio profundo, pois, ao voltarem para casa, começam as recordações e a saudade aumenta a cada dia que passa. E é exatamente neste momento que os enlutados precisam de alguém a seu lado, para ouvir os seus soluços. E o consolador não precisa dizer muitas palavras. Normalmente, os enlutados não querem atitudes racionais, não querem ouvir teorias, mas precisam de um pouco de afeto que compense a dor. Esse afeto é muito bem-vindo, principalmente se vier de alguém ligado à família. Se não puder estar presente fisicamente, pode se servir de algum meio de comunicação.

Nessas horas a Igreja não pode falhar. É preciso que haja a presença de alguém da Igreja para rezar junto, para estar ali consolando pela falta da pessoa que se foi.

Fico pensando na minha condição de bispo. Já estive em alguns velórios. Já fiz algumas visitas de condolências. Tempos depois, ouvi pessoas da família enlutada comentando sobre a minha presença. Não mencionam o que lhes falei, mas se recordam de que estive lá.

Quanto maior a nossa responsabilidade na Igreja, mais aumenta o número de pessoas que se ligam a nós. Um bispo está ligado pastoralmente a todos os diocesanos e a pessoas de outras dioceses e regiões. Sempre sou informado do falecimento de alguma pessoa ligada a mim, devido a minha função de bispo. Às vezes, é uma pessoa conhecida, outras vezes é um parente de algum funcionário de alguma das paróquias de nossa diocese, um agente de pastoral, um fiel cristão. Gostaria de estar sempre presente junto às pessoas enlutadas, mas sei que é impossível. Quando fico sabendo do falecimento e tenho condições, envio uma mensagem. Quem a recebe fica muito agradecido. Precisamos muito ter a sensibilidade de dar atenção a quem está vivendo uma dor.

Recordo-me de uma vez em que faleceu o pai de um seminarista, no seminário onde eu estudava. O seminarista era meu colega. Ele viajou para ir ao velório de seu pai. Permaneceu lá uma semana. Escrevi-lhe uma cartinha e deixei em cima de sua cama. Quando ele retornou para o seminário, viu a carta. O tempo passou e, certo dia, ele agradeceu a carta que eu havia escrito a ele.

Numa outra ocasião, quando eu já era padre e estava trabalhando no seminário, faleceu o pai de um seminarista. Era Quinta-feira Santa. Depois da celebração do lava-pés, viajei e fui ao velório do pai do seminarista. Estive ali junto da família por algum tempo e depois retornei à paróquia para a celebração da Paixão e Morte de Jesus. Alguns anos depois, quando estava concluindo o trabalho no seminário, esse seminarista foi me agradecer por ter estado no velório do seu pai. E me disse o seguinte: "Gesto como este a gente nunca esquece". Todas as pessoas enlutadas certamente têm lembrança de algum gesto de solidariedade que ficará para sempre guardado dentro de si.

Fico pensando nos personagens bíblicos que viveram o luto. Penso, por exemplo, qual mensagem ou gesto Nossa Senhora gostaria de receber, quando morreu seu filho Jesus. Ela não exigiu nenhum gesto ou palavra. Assim como os enlutados também não exigem nada dos seus amigos. Todo gesto ou palavra deve vir gratuitamente, espontaneamente, sem nenhuma exigência.

É nesse sentido que, às vezes, compartilho da vida dos enlutados, e mesmo não podendo cumprimentá-los pessoalmente, manifesto minha solidariedade.

Eis um modelo de mensagem que envio, mas podem ser criadas muitas outras, de acordo com os sentimentos da pessoa que envia a mensagem e de quem a recebe.

A dor do luto chegou na sua vida e de sua família. Venho expressar minha comunhão com seus sentimentos. Através das preces confiantes, vamos buscar o alívio para suas dores e de toda a família. Rezo ao Pai pedindo por seu ente querido, que foi chamado para a glória eterna, e pelo conforto dos que ficaram.

Ao expressar minha solidariedade, envio minhas orações e bênção episcopal. Normalmente as pessoas ficam agradecidas com essa expressão de solidariedade.

A você que talvez esteja vivendo a situação de luto, quero lhe dizer que não está só. Há muitas pessoas na mesma condição que você neste momento. Certamente há alguém expressando solidariedade a você. Deus mesmo, aos poucos, preenche com sua presença o vazio que fica. Não se pode negar o vazio. Se existe um vazio, é porque existiu e existe amor.

Meditação

Texto bíblico: Sl 146.

1. Reze várias vezes este salmo. Se possível, ponha nele uma melodia e cante.
2. Relembre e reze pelas pessoas que têm sido solidárias com você em sua dor.

3. Recorde-se de alguma situação em que foi solidário com alguém.

4. Imagine-se vivenciando o dia da morte de Jesus e tente escrever uma carta para confortar a Mãe dele.

5. Se coloque agora no lugar da Mãe de Jesus e responda a carta.

6. Qual mensagem Jesus está lhe enviando nesse momento de luto?

7. Como você tem sentido a presença de Deus em sua vida nestes dias de dor?

19. Germinar e crescer

A construção da vida humana assemelha-se ao processo evolutivo de uma planta. Quando a semente é jogada na terra, começa a etapa da germinação.

O termo "germinar" refere-se ao estágio de crescimento da semente em que brota o embrião vegetal. Dentro da semente está o projeto da muda, do arbusto e da árvore. No processo de germinação começa: o crescimento, a saída, o vir para fora e o se expor aos benefícios e riscos da aventura de crescer. "Em verdade, em verdade, vos digo: se o grão de trigo que cai na terra não morre, fica só. Mas, se morre, produz muito fruto" (Jo 12,24). Na germinação, enquanto a semente desaparece, uma tenra planta vai se despontando. A frágil plantinha necessita de sol, adubo, água e de muito cuidado. O seu crescimento precisa ser espontâneo. O agricultor não pode puxá-la para cima obrigando-a a crescer, pois, se o fizer, a conduzirá à morte.

Na trajetória humana existe igual semelhança. Nascer é muito pouco. É preciso crescer, e cada crescimento assemelha-se a um novo nascimento. Há um sonho embrionário residindo no interior de cada pessoa. Por que não despertá-lo? Por causa do sonho, o homem torna-se um conquistador. "Um sonhador quer sempre mais" (Ernest Bloch).

Como é bonito olhar para as crianças, adolescentes, jovens e até adultos, percebendo o futuro e descobrindo o caminho aberto para o crescimento. É preciso ajudar a todos que desejam crescer. Este longo e demorado processo conta com o auxílio das famílias, das escolas, das Igrejas e de todas as pessoas e instituições que estão a favor da vida. O maior auxílio vem de Deus mesmo.

Deus plantou a vida no meio do jardim. A vida no paraíso é um grande sonho do Criador e também do criado. Cada um deve germinar, crescer e dar frutos onde está plantado. Jesus disse que pelos frutos se conhece a árvore. Feliz do ser humano que está enraizado no mistério de Cristo. "Aquele que permanece em mim, como eu nele, esse dá muito fruto" (Jo 15,5b).

Sempre é possível encontrar um espaço propício para o cultivo da vida. Mas há que se tomar cuidado para não sufocar a energia que faz crescer, há que se livrar das ervas daninhas.

A atitude do agricultor ajuda a compreender o empenho educativo para o crescimento. Ele prepara o terreno e lança a semente, mas sua tarefa não termina rapidamente: ele acompanha o crescimento da planta, arranca a erva daninha e acompanha o comportamento do clima até o momento da colheita. E colhe. Se não tivesse uma certeza mínima de que colheria, por que iniciaria a semeadura? Contra as inclemências do clima e das pragas, ele se mantém acreditando na colheita (Marino S. Sehnem).

Nesse sentido, vale continuar vivendo: estudos, espiritualidade, comunhão, serviço, lazer e pastoral. A vida vocacional da Igreja encontra-se germinando e crescendo. Mas, para que isso aconteça, é preciso esforço pessoal, apoio de muitas pessoas e a graça de Deus. "Sem mim, nada podeis fazer" (Jo 15,5b). Constrói a vida quem tem coragem de germinar e crescer.

Encontra a vida eterna quem foi semeado em Deus, nele germinou, cresceu e produziu frutos. Chega-se a um momento em que o fruto se vai e fica a semente. Ninguém vive eternamente neste mundo. Chega-se a um momento em que acontece a passagem desta vida para a eternidade.

Após a morte, caso a pessoa não seja cremada, o seu sepultamento assemelhar-se-á ao processo de colocar a semente na terra para que ela germine. O chão onde a vida humana está plantada é um chão sagrado, é no próprio Deus no qual passaremos a viver eternamente.

Não se perturbe o vosso coração. Crede em Deus, crede também em mim. Na casa de meu Pai há muitas moradas. Não fosse assim, eu vos teria dito. Vou preparar um lugar para vós. E depois que eu tiver ido e preparado um lugar para vós, voltarei e vos levarei comigo, a fim de que, onde eu estiver, estejais vós também (Jo 14,2-3).

Jesus prometeu vir e fazer morada na vida humana. "Se alguém me ama, guardará minha palavra; meu Pai o amará, e nós viremos e faremos nele nossa morada" (Jo 14,23). Jesus também prometeu o Espírito Santo que habita em nós. Quem passa pela vida se encontrando com Deus, especialmente nos sacramentos, vai se tornando cada vez mais morada do sagrado. Como deve ser maravilhoso o encontro definitivo com Deus na morte. Quem nele germinou, viveu e cresceu agora vive plenamente unido a ele na eternidade. A essa realidade chamamos de paz eterna.

Meditação

Texto bíblico: Jo 15,1-9.

1. Reflita sobre o cuidado que Deus teve com seu ente querido, cuidando dele como galho da videira que é Cristo.

2. Reflita sobre tudo que ele recebeu de Cristo ao longo de sua vida, a começar pelo sacramento do Batismo e os demais sacramentos, o testemunho da família, de conhecidos e da comunidade eclesial.

3. O seu ente querido era considerado galho da videira que é Cristo?

4. Que tipo de crescimento a morte de seu ente querido pode lhe trazer?

5. Com quem o seu ente querido está agora vivendo na eternidade?

6. Que frutos bons seu ente querido deixou?

7. Reze agora a vida de seu ente querido acompanhando o seu crescimento até a vida eterna e faça a entrega dele nas mãos de Deus. Ele pertence definitivamente a Deus.

20. A chave invisível

Para muitas pessoas talvez não exista uma clara compreensão de algo acontecido lá no início da vida. Com o passar dos anos, poder-se-á perceber o que Deus estava querendo dizer com o fato ocorrido. A vida tem lá seus mistérios, os quais vão se revelando aos poucos.

Imaginemos que no dia do nascimento cada um recebeu uma chave que possibilitava abrir caminhos. Com a chave da liberdade nas mãos, cada um deveria ir abrindo corações, mentes, relacionamentos e todas as manifestações misteriosas do espírito. Cada um deveria ampliar a sua visão de tudo.

Abrindo caminhos você chegou a este atual momento da sua história, o qual você acha muito sombrio, porque está vivendo o luto.

A vida é feita de várias etapas e quase sempre em cada etapa existe uma crise, um problema a ser solucionado. Quando você iniciou a sua etapa de vida de maior proximidade com Cristo – talvez, na sua conversão –, uma nova chave lhe foi oferecida. Essa era uma chave que lhe dava muito mais possibilidades que aquela de outrora. Na vida é assim: temos que procurar e adquirir várias chaves, pois as fechaduras são diferentes e precisamos buscar soluções para inúmeras situações complicadas. Muitas vezes, a solução está em algum mistério que ainda não conseguimos desvendar. A missão de abrir é contínua. Feliz de quem consegue a chave principal, pois ele consegue ter livre acesso ao infinito. A chave dada aos filhos da luz tem um poder imenso.

Quem está com essa chave mestra nas mãos com certeza já abre muitos caminhos. Para alguns, já acostumados a lidar com essa chave, penso que fazem bom uso dela. Abrem horizontes e arriscam até abrir o futuro.

Outros timidamente vão tomando consciência do poder das chaves que lhes foram entregues pelo próprio Deus, através das pessoas, em algum momento de suas vidas. Começam, então, a abrir as janelas do seu interior permitindo ter uma visão para o infinito mistério de Deus. Alguns abrem as portas ou janelas que dão acesso ao interior desejando conhecer as profundezas do mistério humano. Há os que preferem abrir as portas do conhecimento e vão se tornando amigos da sabedoria. Outros abrem as portas do relacionamento. Ficam mais socializados. Aprendem que podem se relacionar com várias pessoas.

Infelizmente alguns ficam com a chave na mão se perguntando se devem ou não tentar abrir. Penso que esse dilema se faz mais presente na vida daquelas pessoas que conviveram com muitas proibições. O medo impede o crescimento, não deixa tomar consciência do poder interior. Dificilmente no medroso surge a coragem de bater asas e voar, de viver algo novo, pois o medo originado de inúmeras proibições cria um mecanismo de defesa que o torna incapaz até mesmo de acreditar em sua própria libertação.

Há os que preferem não abrir nada, pois acham mais cômodo ficarem quietos usufruindo do que já está aberto. É possível que outros utilizem mal a chave. Ao invés de abrir, preferem fechar. Fecham-se em si mesmos. Fecham o acesso para Deus, às amizades e às possibilidades de crescimento. Pessoas assim se esquecem de que casa fechada cria poeira e fica com mau cheiro. É preciso continuar a abrir.

Ainda há muita realidade escondida. Nem tudo está aberto. Há pessoas que não se abrem e há situações que provocam fechamento. Há muitos mistérios na vida. É preciso continuar com a chave na mão.

Tenha sempre a chave consigo, esteja sempre com ela nas mãos. Abra a vida. Procure abrir o que o impede de um melhor relacionamento com a família, com a comunidade paroquial. Abra aqueles esconderijos da vida onde estão sendo criados animais peçonhentos que lhe poderão fazer mal no futuro. Solte os lobos, as feras, as cobras, os cães e insetos que porventura estejam dentro de si. É tempo de viver e reencontrar. Procure reencontrar os pedaços bons da vida que, devido à pressa, ficaram trancados no passado e hoje lhe fazem falta.

Ao começar um novo dia, tenha sempre dentro de si um desejo muito grande de viver, de crescer e relacionar-se.

Quando sair por aí, não esqueça a chave em casa. Ela deve estar sempre com você. A qualquer hora descobrirá algo que precisa ser aberto. Carregue consigo essa chave para a eternidade. Ela tem o poder de abrir as portas do céu ou do inferno. Essa chave é Cristo em sua vida.

Com certeza, você já vivenciou algumas situações infernais, e espero que não tenha gostado. Todos podem passar por tais situações. É fácil habitar na casa do isolamento. A nossa esperança é celestial. Cada um precisa abrir a porta do céu e ali entrar. É preciso usar mais a chave.

Quem arrisca percebe um caminho novo se abrindo à sua frente, como diz Jorge Trevisol em uma de suas canções: "Na liberdade ou na fragilidade, caminhos se abrem aos pés de quem ama e não teme a dor".

Estenda a mão para abrir a porta do santuário que está à sua frente e entre em profunda comunhão com a Fonte sublime do mistério. Tenha momentos de descanso sim, mas continue o processo da vida. A vida se torna mais bela quando cresce a partir de dentro; dessa forma, o mundo interior, invisível, vai se tornando realidade iluminada. Continue usando a chave que abre a vida e revela o cristão que você é. Viva com alegria a sua vocação de filho de Deus.

Penso que agora esteja precisando de uma nova chave para abrir-se ao amanhã ou, pelo menos, para abrir a luz que ilumina esta situação na qual você se encontra.

Neste angustiante momento de luto, não use a chave para trancar-se no passado. A estrada da morte terminou e o caminho da ressurreição continua. Continue abrindo horizontes que lhe proporcionarão ver de novo a beleza da vida e de Deus. Visite novamente a sua história de fé, veja o quanto Deus esteve presente e saiba que não é neste momento de angústia que ele irá esquecê-lo.

Meditação

Texto bíblico: Mt 25,14-29.

1. Você está usando a chave da vida que Deus lhe deu ou a enterrou com medo de perdê-la?

2. Você acredita que os poucos talentos que Deus lhe deu podem se multiplicar?

3. Você prefere ficar trancado no passado ou continuar a sua história rumo à libertação?

4. A morte do seu ente querido não é consequência do uso da chave que Deus lhe deu?

5. Como seu ente querido fez uso da chave invisível que lhe deu pleno acesso a Deus?

6. Reflita sobre os vários momentos em que se tornou claro que seu ente querido estava fazendo uso da chave invisível?

7. A morte de seu ente querido é o fim ou a entrada no pleno mistério de Deus?

8. Quem participa do pleno mistério divino é infeliz ou feliz?

9. Relacione o uso da chave por você e a aplicação da parábola dos talentos em sua vida.

21. Espiritualidade do caminho

Para caminhar não é preciso ter um caminho pronto, muitas vezes ele se abre à frente de quem decide partir. No entanto, é preciso um pouco de energia espiritual, pois sem espiritualidade fica difícil caminhar.

A história da salvação é uma história de movimentos e de uma constante desinstalação. São muitos os personagens bíblicos que partiram às vezes divididos e incertos. Na espiritualidade do caminho, na experiência das tendas e no repouso, os viajantes de Deus encontravam vigor para continuar. A história humana é feita de um constante movimento de passos dados, às vezes espontâneos, às vezes solicitados ou até mesmo sacrificados. E assim o caminho foi sendo feito. No caminho surgem as mais variadas surpresas: os pensamentos vão sendo amadurecidos, novos horizontes vão se descortinando e a vida vai crescendo rumo à etapa seguinte.

A chegada até este momento atual de nossas vidas foi feita de pequenos passos, pequenas conversas, pequenas descobertas, pequenos esforços, pequenos estudos, pequenos encontros, pequenas vidas e pequenas mortes. A lista de coisas pequenas é enorme. Os fatos são vistos como pequenos, quando olhamos para trás; contudo, se olharmos a partir do interior de quem os viveu, eles se tornam grandes. Houve vidas envolvidas neles. Foram necessários muitos sacrifícios, renúncias, esforços e perseverança. As vidas impulsionadas por uma mística contribuíram para o progresso.

A grandeza chega com o tempo. A criança cresce, o jovem amadurece e o adulto tem a sensação e a alegria da experiência conquistada. A grandeza espiritual vem chegando de mansinho, sobretudo em quem se faz pequeno. Assim viveram os santos. Nas sendas da vida, eles encontraram fontes abastecedoras de suas existências.

A vida não para. Quando vivenciamos os mais variados acontecimentos, sempre temos a oportunidade de refletir sobre os objetivos alcançados. Às vezes, até dizemos timidamente que chegamos ao fim de uma etapa. Deus sempre nos concede um ano marcado por suas graças. No anseio de construir a santidade, a vida vai sendo marcada por desesperos e esperanças, vitórias e fracassos, entretanto, o mais importante é que tudo não deixa de ser sempre uma oportunidade de crescimento. Uma caminhada é feita de passo em passo, e é no desequilíbrio de um pé que fica para trás e outro que vai para a frente que vai se formando a sagrada história de cada pessoa.

Aos pequenos acontecimentos vividos por nós, somam-se tantos outros vividos neste mundo. Talvez a nossa singela contribuição até se perca como um suave vapor, que sobe aos céus para formar uma nuvem que depois morrerá derramando as águas necessárias à germinação de uma nova etapa. Assim, participando da história de cada pessoa modestamente, pode dizer que deu a sua colaboração ao movimento da vida em crescimento.

É preciso seguir adiante. Somos sempre chamados a mudar nossos hábitos, a nos desinstalarmos, disponibilizando nosso tempo para a construção de uma vida e sociedade mais realizada. Isso exige mudanças. Em muitas situações da vida nem criamos raízes e já temos que partir.

Transplantar uma árvore que mal está firmando as raízes requer um pouco de habilidade. É preciso colocar-se nas mãos de Deus, o habilidoso jardineiro que não descuida do canteiro das vidas. Na missão diária vale pedir a ele, o jardineiro, Pai Celestial, que dê vigor para cada um dar sombra, acolhida e ajuda àquelas pessoas que estão mergulhando nos insondáveis mistérios da vida. Aliás, a raiz do cristão missionário deve estar fundada em Cristo, para que assim tenha facilidade para servir onde for necessário.

O caminho leva a um ponto e desse se abre para outro. O caminho é longo e, sem a alimentação afetiva e espiritual, o cansaço impedirá os viajantes de chegarem e partirem novamente. A espiritualidade do caminho é a mística que dá impulso e vigor ao peregrino apaixonado que se dirige ao encontro do mistério fugaz.

Quando chega a morte, pensa-se na interrupção da história da pessoa. Mas não é assim, pois ela permanece viva na lembrança dos que a amaram. Ela continua sendo lembrada pelo que fez de bom ou ruim. Sua história se funde com história da humanidade, a qual se insere na história divina. A morte não põe fim à nossa história em construção e em nossa vida. Não se trata de reencarnação, mas de vida plena em Deus que ressuscitou o seu Filho dando-nos a garantia da nossa ressurreição. Deus não cria para destruir, mas para dar plenitude.

Você que está vivendo o luto tem diante de si o acontecimento da morte de seu ente querido. O amor nascido entre você e seu ente querido gera saudades e traz sofrimentos. É profundamente humano os sentimentos que surgem com a morte de uma pessoa amada. É preciso lembrar, entretanto, que o futuro está aberto, e é nele que cada um deve entrar. Voltar ao passado e se prender a ele é como rever um filme, não há nada de novo, as cenas se repetem. Entrar para o futuro é aventurar-se no que Deus reserva enquanto surpresa para cada pessoa. Olhe para a frente e tenha fé, essa dor vai passar como já passou para muitas pessoas.

Meditação

Texto bíblico: Gn 12,1-9.

1. Leia com atenção e medite o texto bíblico.
2. Qual o chamado de Deus para você hoje?
3. O que Deus lhe pede para fazer?
4. O que você precisa deixar para partir?
5. Seguir em direção ao futuro vai lhe garantir uma vida sem desafios?
6. Como foi a espiritualidade do caminho vivida pelo seu ente querido? Ele acreditou nas promessas de Deus?
7. Como você entende a fusão da história meramente humana com a história divina?
8. Refletir e rezar a espiritualidade do caminho dão alívio a sua dor?

22. Vida na luz

No coração da terra vive o homem que tem o poder não apenas de iluminar, mas de ser luz e de direcioná-la para o bem ou para o mal. Uma luz nasce a cada momento. Um parto de luz acompanha a vida humana do nascimento (vir à luz, dar à luz) até a morte (ingresso na luz eterna).

Infelizmente, há luzes emanadas do poder de fogo que entristecem e dizimam muitas vidas. Aviões de guerra sobrevoam cidades e derramam bombas destruindo vidas. Luzes saem dos canos das armas iluminando as balas que matam. Nos rituais macabros também se usa a luz. Este é o lado triste da luz, entretanto, há no mundo mais luzes causadoras de alegria do que produtoras de trevas.

A física nos diz que nada se move mais rápido que a luz. A sua propagação se dá a uma velocidade constante. Isso nos ajuda a compreender a sábia recomendação de Jesus a seus discípulos, para serem luz do mundo. A mensagem divina precisa ser difundida com rapidez. A luz precisa dissipar as trevas.

Há um constante derramamento de luz na face da terra. O mundo todo está envolto em luminosidade.

O espaço sideral é bastante iluminado. A abóboda celeste, durante a noite, assemelha-se a uma cidade reluzente situada no alto. Talvez seja um sinal da cidade do infinito para onde caminhamos. A luz está disseminada em toda a natureza desde a terra, suporte para a planta dos pés, até o infinito dos espaços celestiais onde estão as estrelas, os planetas, os cometas, os meteoritos, e os fragmentos minerais que formam a poeira cósmica. Há um pouco de luz em cada um desses elementos.

A pirotecnia – arte de usar fogos que encanta os olhos – é usada na abertura ou conclusão de grandes acontecimentos festivos. A exuberância de luzes e sons eleva os olhares humanos para os céus.

Na terra há insetos luminosos como os pirilampos. Esses insetos noturnos iluminam a natureza, realizando um encantador espetáculo, com os seus voos maravilhosos.

A luz brilha no profundo dos mares através dos peixes e crustáceos fosforescentes. Trata-se do fenômeno da bioluminescência.

Os fogos-fátuos podem ser vistos nos pântanos, nos cemitérios e em qualquer lugar onde há combustão de gás, desprendido de matérias orgânicas em putrefação. Na maioria das vezes esses fenômenos deixam os desinformados assustados, pois pensam estar vendo assombrações.

O fogo-de-santelmo é uma chama azulada que, principalmente em ocasiões de tempestade, devido ao acúmulo de energia, aparece nos mastros dos navios, nas torres das igrejas ou copas das árvores.

Devido à eletricidade estática, algumas roupas em contato com o corpo produzem faíscas que podem ser vistas na escuridão.

Animais dissecados podem produzir fosforescências quando entram em contato com o oxigênio livre ou com a água.

A princesa lua não possui luz própria, mas a recebe do seu amado astro rei.

Os olhos dos animais, quando iluminados à noite, são encantadores. É lindo viajar e perceber na escuridão o brilho dos olhos dos cães, gatos, touros refletindo a luz como lâmpadas vivas.

Há uma variedade de luzes. Algumas possuem um brilho tão forte que até ofuscam os olhos. Há outras luzes que geram paz em quem é iluminado por elas.

O ser humano é chamado a ser luz. No ritual do Batismo há a entrega da vela acesa para que o neófito acolha a Cristo, luz para sua vida. Em diversos momentos da vida, a luz está presente. Velas são acesas nos aniversários, nas orações e na recepção de alguns sacramentos. Quando o cristão falece, é colocada uma vela acesa junto à sua cama mortuária como símbolo de que aquela pessoa foi iluminada por Cristo.

A vida não existe para brilhar sempre. Há momentos de sombra. Há dias cinzentos, mas isso não significa a inexistência da luz. As sombras passam. Até mesmo o sol, o astro rei, não brilha constantemente, pois durante o dia algumas vezes ele é encoberto pelas nuvens. A terra, em sua sabedoria maternal, move-se lentamente para que no fim do dia toda a natureza se esconda da luz solar. Naquele momento de despedida, o sol, beijando o horizonte, chora e fica avermelhado. Ele estará escondido daqueles que foram cativados pelos seus raios durante o dia. Tudo está partindo e ele não pode ir, tem que ficar parado. O astro rei manda a sua luz para que a lua a reflita sobre a terra. Ela, bela e romântica, iluminada pelo seu amor, cumpre a sua missão.

Também a lua faz a despedida da terra. Poucas pessoas acompanham o pôr da lua. Na maioria das vezes ela realiza o seu labor no período noturno. É daquele tipo que não gosta de fazer despedidas e, por isso, se vai silenciosamente quando a maioria das pessoas está adormecida. O seu desaparecimento faz lembrar que outras luzes precisam surgir.

O cristão é também um iluminador de vidas, de mentes e de corações. A sua luz não é própria, ela vem do Cristo. Há momentos de grande luminosidade, de intensa clareza, mas há também ocasiões de trevas. Quando a luz de um se apaga, outro fornece um raio da sua, permitindo assim que a vida continue iluminada.

Não é necessário emitir luz constantemente. Numa comunidade onde alguém assume o papel de estrela, há sempre desvalorização dos membros que a compõe. O discípulo de Jesus é chamado a ser luz, todavia necessita ser humilde para não brilhar sempre, evitando o conflito das luzes.

A luz da vida existe. Quando nasce uma criança, costuma-se dizer que a mãe deu à luz. Mas o trabalho de dar à luz é eterno. Muitas outras pessoas vão acendendo luzes durante a existência humana. São acendedores de luz os pais, os irmãos, a vizinhança, os catequistas, evangelizadores, escritores e aqueles que acendem a distância através dos meios de comunicação.

A luz é uma graça. Vem espontaneamente e nos momentos em que a pessoa menos espera. O acendedor de luz na vida é aquele que sabe amar, sorrir, perdoar, servir, arriscar e seguir.

No fim, quando tudo parecer morte e as forças tiverem se esgotado, acontece o pôr da vida em Deus e o pôr do corpo no túmulo. Os que ficam vivem certo período de trevas, mas aquele que partiu encontra-se com a luz eterna que lhe dá muita alegria e paz.

Meditação

Texto bíblico: Is 9,1-6.

1. Leia com atenção o texto bíblico e procure fazer uma oração pessoal a partir deste texto.

2. Reflita sobre as variadas vezes em que Deus ofereceu a luz para a humanidade.

3. Reflita sobre o ato de Nossa Senhora ter dado à luz e sobre como Jesus foi e é luz para as pessoas.

4. Quais pontos do texto, vida na luz, você destaca como iluminador para a sua situação?

5. Como tem sido a experiência da luz humana e divina em sua vida?

6. Em sua vida, do seu nascimento até hoje, o que mais predominou: luz ou trevas?

7. Recorda-se de alguma vez em que você iluminou a vida de alguém? Como foi?

8. O que significa para você ser luz para o mundo?

9. A morte do seu ente querido significa luz ou trevas em sua vida?

10. Que ligação você faz entre morte e luz eterna?

11. Peça a Deus para que acenda a luz em sua vida, a fim de que as trevas sejam dissipadas.

23. A morte e o projeto de santidade

A santidade foi sempre meta da Igreja. Toda sua ação pastoral visa ajudar os seus filhos a buscar com ardor o crescimento na santidade de vida. Viver em Cristo é a meta para todos. O Papa João Paulo II, em sua mensagem para o XXXIX Dia Mundial de Oração pelas Vocações, lembrou que: "Toda vocação está a serviço da santidade". Os variados ministérios que existem na Igreja têm a finalidade da santificação. Não se trata de uma santidade fora da realidade, alienada, mas no sentido de graça divina crescida no meio da humanidade, como o fermento que leveda a massa.

Uma pessoa santa não pensa somente em si, mas vai sendo presença de Deus no mundo em transformação. Deseja ardentemente que todos alcancem uma vida justa, honesta, sem exploração, sem violência, sem corrupção. Enfim, uma vida sem males. Ser santo é a meta do cristão. Essa vocação à santidade teve início no Batismo e vai se prolongando enquanto dure o processo de encontro definitivo com Deus.

Jesus disse aos seus apóstolos: "Sede santos como o vosso pai do céu é santo" (Mt 5,48). Deus é o santo por excelência. Ele é perfeito. O ser humano, apesar da sua condição pecadora, recebeu de Cristo a vocação à santidade. Entretanto, paira uma pergunta: Como conseguir ser santo como Deus? Jesus não disse que os apóstolos de ontem e de hoje já são santos. A santidade é um projeto a ser construído e vivido inclusive depois da morte.

Um bispo, pregando em um retiro espiritual ao clero de Uruaçu, fez menção a esse projeto de santidade de Jesus e disse-nos que essa meta vai além do fim de nossa vida aqui na terra. Enquanto vive, o ser humano vai lutando, se esforça para colocar a sua vida em sintonia com o sonho de Deus. Mas, dadas as suas limitações, não consegue a plenitude neste mundo. Então, o pregador relembrou as teorias sobre escatologia, parte da teologia que estuda a realidade final da vida humana e o encontro com Deus. Disse ser partidário da teologia, que afirma que a ressurreição da pessoa acontece no momento de sua morte. Então, ele apresentou sua compreensão, dizendo imaginar que é no momento da morte que acontece o encontro com Deus. O Pai toca na face da pessoa que está falecendo e lhe diz: "Vinde, filho querido". A pessoa tem compreensão de como está, e daí o Pai lhe oferece a plenitude da vida e, se há aceitação, então a pessoa entra na paz eterna e completa-se o processo de ser santo como Deus é santo.

A busca pela santidade deve ser constante em nossa vida. É ouvindo a Palavra divina, tendo vida digna de cristão, se esforçando para fazer o bem e deixando-se ser tocado pelo mistério divino que vai acontecendo o crescimento, com perseguições, derrotas e vitórias. Jesus, ao chamar discípulos, lhes recordou que era preciso tomar a cruz todos os dias e segui-lo. Na vida do discípulo, há momentos em que a cruz parece estar mais pesada, mais difícil de ser carregada. Mas é preciso ter confiança e coragem para prosseguir até a meta final.

Você está vivendo o luto. Essa situação pesa em sua vida como se fosse uma cruz. Somente a graça de Deus lhe dará forças para não ficar preso no seu calvário. Quem carrega a cruz deve ter consciência de que haverá crucifixão e depois ressurreição. Tenha certeza de que a sua dor vai ser transformada e que terá semblante de ressuscitado.

Mas saiba que haverá um momento em que você também vai morrer e que deixará pessoas que o querem bem de luto e, para ter alegria de viver, elas precisarão prosseguir no caminho da ressurreição. Quem ama sofre, mas viver sem amar é viver sem vida. Ame muito, celebre a cada dia o amor de Deus e busque a santidade, pois ela será exuberante em sua vida.

O seu ente querido já está neste processo de encontro com a exuberância da santidade dada por Deus. Reze por ele para que seja generoso em acolher a vida que Deus lhe oferece. Imagine quanta alegria é viver em Deus, acolhendo a sua plenitude de vida.

Meditação

Texto bíblico: Mt 5,1-8.

1. Reze cada uma das bem-aventuranças. Deixe-as entrar em sua vida.
2. O que significa para você construir a sua santidade?
3. Em que a morte de seu ente querido pode lhe ajudar na construção de seu projeto de santificação pessoal?
4. É possível se santificar sem cruz?
5. O luto está sendo uma cruz para você?
6. Você ficará preso a essa cruz ou tem disposição para viver a esperança da ressurreição?
7. Como você imagina que seu ente querido foi acolhido por Deus?
8. Faça a sua oração agradecendo a Deus pela vida concedida ao seu ente querido neste mundo e pelo projeto de santidade oferecido a ele.

24. Sussurros de Deus

"Lâmpada para meus passos é tua palavra e luz no meu caminho" (Sl 119,105).

A humanidade, sempre em peregrinação, continua a sua viagem rumo a sua realização. Enquanto desenvolve-se o percurso existencial, há dias e noites, luzes e trevas, sol e chuva, nascimentos e mortes, amores e ódios, dores e alívios, conflitos e paz, aberturas e fechamentos, alegrias e tristezas... a lista dos opostos é imensa. Os filhos de Deus não desanimam porque para o caminho humano há uma palavra especial que se torna luz e contribui para que as experiências negativas ou as amarguras não se cristalizem.

Esta palavra especial é aquela comunicada por Deus à humanidade. É a palavra revelada. Trata-se de uma palavra chegada até nós por uma inspiração também especial. "As coisas divinamente reveladas, que encerram por escrito e se manifestam na Sagrada Escritura, foram consignadas sob inspiração do Espírito Santo" (*Dei Verbum*, n. 11).

A Bíblia, contendo a Palavra de Deus, pode estar nas mãos de todas as pessoas que desejam ter um caminho iluminado. Muitos leem as Sagradas Escrituras. As crianças, adolescentes, jovens, adultos e idosos têm oportunidade de tomarem em suas mãos o livro santo. Multiplicam-se as reuniões onde a Bíblia é lida e meditada. Esta leitura é aconselhada a ser cada vez mais orante, pois a oração torna a pessoa mais habitada por Deus e, consequentemente, mais compreensiva do mistério humano. A oração deixa a pessoa mais humanizada.

O saudoso Dom Luciano Mendes de Almeida, que foi arcebispo de Mariana, em Minas Gerais, disse que a Palavra de Deus é a luz que ilumina o discernimento de valores e o agir humano. Sem ela, dificilmente alguém conseguirá perdoar e rezar por quem o caluniou e amar quem o ofendeu. "As lições do Evangelho nos fazem descobrir a beleza do amor gratuito, a paciência no sofrimento, a dedicação aos doentes e empobrecidos e o abandono confiante nas mãos de Deus." Realmente a Palavra de Deus é necessária à nossa caminhada.

Sempre que vamos realizar uma viagem, preocupamo-nos com como e onde vamos nos alimentar. Dizemos que a Palavra de Deus é alimento para a nossa jornada. Não podemos descuidar deste alimento tão precioso. A desnutrição espiritual enfraquece o ser humano e o deixa propenso a muitas doenças que impedem um viver mais cristão e humano. Essas doenças podem ser infidelidades, violências, injustiças, vinganças e toda espécie de mal. Deus fala em meio a essas situações, mas não agride nem força as pessoas para que seja ouvido.

Quando alguém ama não fala aos gritos. Os namorados falam baixinho. Deus, porque nos ama, fala serenamente aos nossos ouvidos. Ele sussurra a sua palavra viva dia por dia, a cada ser em peregrinação. Quem tem um ouvido afinado à comunicação de Deus é capaz de compreender e amar o que ele diz. A missão do evangelizador é a de colaborar para que as pessoas ouçam uma palavra que não é sua, mas de Deus.

Você se encontra neste atual momento vivendo um tempo propício de amadurecimento na fé. A dor do luto abre um vazio, e a palavra divina serve como um sereno confortador. Procure ouvir com amor os sussurros que Deus lhe faz. Você certamente nestes dias ouviu muitas palavras de conforto, mas existe uma palavra que tem um poder muito grande. Ela pode transformar. Sempre que ela é pronunciada e acolhida, gera vida nova. É a palavra divina.

Meditação

Texto bíblico: 1Cor 13,1-13.

1. Como está sua fé?
2. A morte abalou a sua fé?
3. Relembre como foi a vivência da fé em sua vida. Relembre a sua história marcada pela fé.
4. Reze a sua história de fé.

5. O que significa para você a virtude da esperança?

6. Quais são as esperanças mais presentes em você?

7. Qual é sua maior esperança? Ela se une à esperança de Deus?

8. Como você vive e experimenta o amor de Deus em sua vida?

9. Tudo está passando: a vida, as pessoas, o mundo. O que vai ficar no fim de tudo?

10. Que valores, virtudes e testemunhos seu ente querido deixou?

11. Reze o texto bíblico pedindo a Deus que lhe fale ao coração e lhe dê a graça de melhorar a qualidade da sua fé, da sua esperança e do seu amor.

25. Frases para pensar

1. Por maior e mais escura que seja a noite, existe a esperança de que o dia vai chegar. A noite do seu luto vai passar e chegará a luz da ressurreição.
2. Quando estiver perdido, a melhor solução é buscar uma informação que lhe indique o caminho a seguir. Nesse tempo de luto, procure se orientar pelo que Deus fala a seu coração.
3. Todo sentimento tem sua razão de existir, mas é preciso iluminá-lo com a fé para que não se torne um sentimento que prejudica a vida.
4. Cada túmulo contém uma história de vida. O céu contém as vidas das histórias feitas em Cristo.
5. É mais fácil superar a dor da morte do que viver como se estivesse morto, enquanto permanece vivo.
6. Ver fotografias de momentos bons alegra o espírito.
7. Se em Deus houvesse o sentimento de luto, ele seria eternamente triste, porque todos os dias morrem muitos dos seus filhos.
8. A dor é a alma do amor, pois não existe amor sem dor, e se ela for amada, não demora muito a ser curada.
9. Quando a morte chegar para mim, as pessoas que me sepultarem devem ter certeza de que vivi fora do túmulo, participando da vida dos vivos.
10. Acostumei-me a viver e gostei de viver, de tal forma que, quando eu morrer pela graça de Deus, vou ressuscitar morando com Deus na casa dos vivos.
11. "Vinde, benditos de meu Pai. Recebei em herança o Reino que meu Pai vos preparou desde a criação do mundo" (Mt 25,34).
12. "Ri e o mundo rirá contigo; chora e tu chorarás sozinho" (Ella Willcox).

13. O coração alegre aformoseia o rosto; mas, com a tristeza no coração, o espírito se abate (Provérbio de Salomão).

14. Desde que nascemos, já nascemos no caminho da ressurreição.

15. Do jeito que está não pode ficar. É preciso mudar.

16. "Converte nosso luto em alegria e as nossas dores em salvação" (Est 4,17).

26. Orar com a mística pascal

O sentimento de Páscoa deve ser vivido diariamente. O ritmo pascal nos recoloca nos caminhos do Senhor Ressuscitado. A contemplação de Jesus Ressuscitado nos lembra do processo de libertação da vida. Ele traz no seu corpo as marcas da Paixão. Para chegar à glória da ressurreição, Jesus foi entregando a sua vida com confiança. Teve encontros libertadores com as pessoas. Falou de vida nova, reintegrou muita gente na sociedade, reconstruiu a vida. No final da sua missão nos presenteou com a Eucaristia e o sacerdócio.

Após a sua morte, o Pai o ressuscitou. Ele foi se manifestando aos discípulos e a Igreja surgiu fortalecida pelo Espírito.

Na ressurreição, não apenas o túmulo abriu-se, mas o morto que estava dentro dele ressuscitou. Creio que na noite da vigília pascal cada pessoa deseja e até consegue abrir o túmulo da sua vida. Que bom que isso acontece.

O ser humano tem o costume de ir fabricando o seu próprio túmulo, cria as paredes que escondem o seu egoísmo, o seu orgulho, os seus vícios, a sua injustiça, os seus maus-tratos, os seus ressentimentos. Há sempre uma tendência em querer ser sepultado a cada dia. É até mais cômodo estar sepultado, pois, assim, a visão do mundo fica encurtada. Este sepultamento é também chamado de alienação, comodismo ou fuga.

Os cristãos na Páscoa contemplam o túmulo aberto e desejam abrir seus túmulos existenciais. Mas abrir o túmulo é muito pouco. Abrir sem renovar ou ressuscitar o que está dentro causa medo, nojo ou repulsa, pois dentro há podridão. É importante não apenas abrir e sair, mas sair ressuscitado. Ressurreição é processo contínuo na vida. Há sempre um desejo de voltar atrás. Há certa saudade da escravidão do pecado, dos vícios e da vida anterior. Essa saudade foi o que sentiu o povo peregrino no deserto, o qual, reclamando, queria voltar atrás.

Para manter o processo de ressurreição, é preciso orar em ritmo pascal. Orar é respirar na graça. Orar em ritmo pascal é estar sempre cuidando das feridas que emergem no processo de viver, é curar o relacionamento com Deus, com as pessoas, com a natureza e consigo mesmo. Orar em ritmo pascal é permitir ser presenteado com os sentimentos de Deus.

Orar sempre e de maneira pascal tem de nos levar a viver com o coração em festa; se é verdade que somos caminhantes e experimentamos a dor, o pecado e a morte, também é certo que em Cristo vencemos tudo e seu amor há de durar sempre.

Até mesmo quando a dor, o cansaço, a tristeza, o pecado quiserem desanimá-lo, não pare de olhar, de confiar, de esperar. Continue buscando o Senhor, pois o encontro consolador virá. Santo Agostinho disse em forma orante: "Se quando tu me buscavas eu te fugia, agora que te busco como não vai acontecer o encontro?".

A mística pascal propicia orar na presença do Senhor ressuscitado, que torna o homem novo. Não deixe de orar em ritmo pascal e com certeza sua vida será novamente reapresentada ao grande mistério de Deus.

Nesta condição de luto em que você se encontra, reze no ritmo pascal e com certeza encontrará luz para suas trevas, vida para a morte, esperança para o desespero e fé para a incredulidade. O Senhor espera você não no túmulo, mas no amanhã da sua vida.

Meditação

Texto bíblico: Jo 20,1-10.

1. Com qual dos personagens bíblicos do texto você se identifica neste momento de sua vida?

2. As mulheres que foram ao túmulo esperavam encontrar o corpo e, por isso, tinham o coração pesado. Com que esperanças você se lembra de seu ente querido?

3. Os discípulos foram ao túmulo, entraram e acreditaram. Quais sinais percebe que podem ajudar a aumentar a sua fé?

4. O que significa para você rezar em ritmo pascal?

5. O que lhe chamou mais atenção no capítulo "Orar com a mística pascal"?

6. Reze ao Pai na intenção de todas as pessoas que não conseguem viver na dinâmica do ritmo pascal e que, por isso, permanecem no túmulo.

27. Até onde precisa ir?

Na diocese de Uruaçu existe um grande santuário dedicado a Nossa Senhora da Abadia. De 5 a 15 de agosto acontece a grande romaria. Milhares de pessoas se dirigem em romaria ao Muquém, um povoado situado no município de Niquelândia, aqui no estado de Goiás. Durante a romaria, cerca de 40 mil pessoas ficam acampadas nas barracas para participar dos festejos e louvores à Virgem Maria. Nesse período passam por Muquém cerca de 500 mil pessoas. Muitas vão cumprir suas promessas, fazer a confissão, participar da missa de algum ato devocional.

Numa ocasião de romaria, observei que muitos romeiros entram no santuário, ajoelham-se e seguem o longo percurso dentro do santuário até o altar, ou no início da rampa que dá acesso à imagem de Nossa Senhora da Abadia. Em geral, esse ritual acontece em muitos santuários. Estava no interior do Santuário do Muquém conversando com algumas pessoas, quando passaram dois meninos ajoelhados se deslocando com rapidez. A viagem deles era interessante: riam, faziam gestos de piedade, colocavam as mãos no piso quando se desequilibravam. Quando passaram perto de nós, fizeram a pergunta: "Até onde precisa ir?". Nós rimos, mas lhes demos algumas opções de chegada. Com certeza, eles começaram o caminho por curiosidade e não para pagar uma promessa, mas queriam saber aonde deveriam chegar.

A pergunta dos romeiros mirins me fez refletir sobre a importância de saber os objetivos que queremos alcançar e quais caminhos devemos tomar. Se não se sabe aonde quer chegar nem o caminho, perde-se muito tempo, e a viagem pode ser frustrante. Como cristãos, devemos ter claro que precisamos seguir Cristo, que é Caminho, Verdade e Vida, e ele nos levará ao Pai.

A vida humana é uma romaria na qual vamos cumprindo as promessas que fazemos. As promessas nos comprometem na caminhada e exigem nosso esforço no trajeto. O cristão cumpre as promessas do Batismo, dos sacramentos do serviço: matrimônio ou ordem. A vida contornada pelas graças dos sacramentos, impulsionada pela força da Palavra, iluminada pelo Espírito Santo e solidarizada pela caridade de outros romeiros, chegará até onde se deve ir.

Se o peregrino não estiver mais dando conta de prosseguir, mas conservar dentro de si o desejo de chegar, a mão do Pai o alcançará para ajudá-lo. Deus é nosso endereço. Entrar completamente no mistério de Deus é o nosso objetivo. A ele devemos ir cantando jubilosos e sem medo.

Na vida nos debatemos com algumas perguntas fundamentais que exigem respostas. De onde viemos? O que somos? Onde estamos? Como estamos? Para onde estamos indo? Um dia teremos que dar respostas a estas perguntas. Alguns fogem delas, pois pensar nelas e nem sempre encontrar respostas prontas é angustiante. Mas elas precisam ser respondidas.

Sem saber, aqueles meninos traziam dentro de si uma questão existencial. Até onde é preciso ir? A vida humana é como um rio que corre. Nasce, suas águas aumentam, há épocas em que elas recebem sujeiras, para depois ficarem limpas novamente. Abrigam e alimentam os peixes, e muitas pessoas e animais se servem das suas águas para saciar a sede, para tomar banho etc. As águas vão correndo à procura do mar.

O ser humano nasce, cresce. A sua vida segue um percurso, assim como o rio. Há obstáculos que precisam ser superados, há normas a serem seguidas para que não perca o rumo, e chega o momento de encontrar águas maiores, desembocar no mar divino que o assume. A morte é a entrada na plena vida de Deus. Ele é o ponto de chegada. Feliz de quem sabe ou descobre até onde precisa ir.

Você hoje está de luto e essa sua situação, envolvendo o sentimento da perda, é ocasionada porque o seu ente querido chegou até onde queria. Na imagem do rio que corre para o mar, você pode contemplar o mistério da vida dele que se foi e que agora foi envolvida pelo mistério maior que é Deus.

Deus lhe conceda a graça de aceitar o seu amor, que atrai todas as pessoas para si, pois somente ele é a vida plena e é capaz de oferecer mais vida. Dessa forma, você vai sentir saudades das águas que formaram o rio, das águas que correram, mas terá a certeza de que elas não chegaram ao fim, foram apenas envolvidas por águas maiores.

Meditação

Texto bíblico: Jo 4,1-30.

1. Leia o texto bíblico várias vezes e faça, a partir dele, uma meditação e oração.

2. Qual é sua sede?

3. Onde você está buscando saciar a sua sede?

4. O que significa a água viva oferecida por Jesus?

5. Terá o seu ente querido encontrado a verdadeira fonte de água viva?

6. Acredita que seu ente querido adora o Pai em espírito e verdade?

7. Quais são hoje suas principais perguntas?

8. Você crê na vida eterna?

9. Você tem clareza de até onde precisa ir?

10. Para você, o que significa o seu ente querido ter chegado até onde ele precisava ir?

11. Compare a vida de seu ente querido com a imagem do rio que corre para o mar.

28. Um sorriso de paz

Acolhamos o sorriso de Deus!
Seu sorriso está na origem da criação,
Pois o Criador, ao pensar em nós, sorriu.
Fomos gerados e nascemos no silêncio
De um sorriso divino.
Sorrisos sarcásticos destroem.
A ironia maldosa não é criadora;
A gargalhada diabólica é como uma enchente,
É água que não respeita limites.
O sorriso não! Ele não é impositivo.
É sereno e sempre acolhido.
O sorriso expressa uma exuberante alegria
Que mora no interior das pessoas.
Num sorriso verdadeiro todo o corpo sorri.
Existem sorrisos molhados.
É belo o sorriso com lágrimas,
Elas são minas que brotam de um coração emocionado.
Lágrimas de emoção falam ao coração.
O movimento do sangue é procissão do sorriso,
Correnteza purificadora no rio da vida,
Louvor alegre ao eterno, de um ser por ele criado.
Quando alguém sorri, espalha suavidade como brisa.
Tudo em volta é tocado pela leveza do sorriso.
Sorriso suaviza as expressões faciais,
Abre caminhos para ir e vir.
Como é belo um sorriso evangelizador!
Evangelizar pelo sorriso,
Sorriso que se faz boa notícia,
Boa-nova da paz do Senhor, mesmo na dor.
Talvez seja difícil nascer sorrindo,
Mas muitas pessoas morrem com um sorriso nos lábios.
Moribundos que partem sorrindo aliviam os que ficam,

Revelam a beleza do encontro.
Somos carentes do sorriso dos vivos e do eternamente vivo.
Permitamos ser alcançados pela paz dos sorrisos.
Alcancem-nos a ternura e suavidade do sorriso Divino.
Venham a ternura e suavidade do sorriso do Ressuscitado.
Como e quando puder, venham.

29. O luto de Deus, de Jesus e de Maria

É interessante visitar uma casa onde morreu algum familiar. No princípio há um silêncio, um vazio, um sentimento que mistura fé, ausência, esperança e insegurança.

Fico imaginando como foi o luto de Nossa Senhora após a morte de seu Filho. A imagem da Virgem da Piedade mostra o sofrimento da mãe com o filho morto nos braços. A Bíblia não diz nada sobre os sentimentos de Maria após a morte de seu Filho. Ela esteve aos pés da cruz com firmeza. Os Atos dos Apóstolos dizem que Maria estava junto aos apóstolos na oração. Não podemos negar que houve sofrimentos para Maria. A dor é sinal de humanidade. Maria foi profundamente humana e, por isso, sofreu. O diferencial está em que sua dor era iluminada pela fé. Ela era mulher de oração, acreditava na palavra divina, e por isso sua dor não se transformava em desespero. A morte de seu filho Jesus lhe trouxe angústias, mas ela tinha presente em si a esperança de vida anunciada por ele. Assim como fez Jesus, ela também se entregou nas mãos do Pai que tudo sabe e tem um jeito próprio de agir na hora certa. O jeito de Maria lidar com o luto conforta muitas mães enlutadas.

Deus Pai sabia que seu Filho havia morrido. Será que toda morte gera sentimentos de luto? Deus ficou de luto com a morte de seu Filho? É interessante pensar nessa realidade. Deus é vida, nele não há morte. Para ele a morte é apenas a passagem para a vida plena.

Nesse sentido não é correto falar de um luto em Deus, devido à morte de Jesus. A morte de Jesus significou para Deus a salvação de todos os seus filhos. Jesus salvou a humanidade. Então, ao morrer, ele sentiu-se plenamente realizado em sua missão. Jesus glorificou o Pai com sua morte e deu vida para a humanidade.

Podemos concluir que, se a morte de seu Jesus tivesse causado sofrimento para Deus, ele viveria eternamente triste, pois todos os dias morrem milhares de filhos seus. A compreensão de morte é diferente para Deus.

E Jesus, como lidou com a questão da morte e do luto? A alguns mortos ele deu vida, como, por exemplo, o jovem de Naim (Lc 7,11-17), a filha de Jairo (Lc 8,49-55) e Lázaro (Jo 11,1-44).

O Evangelho de João fala do choro de Jesus diante na morte do seu amigo Lázaro (Jo 11,35). Existem explicações teológicas a respeito desse choro, algumas aludindo ao estrago do pecado que leva à morte, outras à falta de fé. O choro de Jesus certamente não era de desespero, pois estava unido ao Pai e tinha nele grande confiança. Ele mesmo havia dito palavras de esperanças de ressurreição às irmãs de Lázaro. Além disso, havia a cultura do choro naquela região. As pessoas se reuniam para chorar pelo morto. E Jesus fazia parte dessa cultura. O choro pode ser uma exuberância de alegria por saber o que o Pai pode realizar dando vida. Por isso, ele vai ao túmulo, pede que se remova a pedra, reza ao Pai e chama Lázaro para fora. O nome Lázaro significa "Deus ajuda".

Quando morre uma pessoa conhecida, todos os amigos e parentes morrem um pouco junto com ela. Não apenas Lázaro estava morto, mas muitas das pessoas que ali estavam assistindo a seu enterro. No chamamento de Lázaro, todos são chamados a vir para fora da morte, a sair do túmulo, dos sentimentos que encobrem a vida, para fazer o exercício de caminhar, de viver e enfrentar desafios.

Jesus quer que as pessoas ajudadas por Deus se tornem peregrinas. Você que está de luto talvez esteja se sentindo de certa forma dentro daquele túmulo com o seu ente querido. Jesus o está também chamando a vir para fora e fazer a caminhada dos vivos na direção da vida eterna.

Meditação

Texto bíblico: Lc 8,49-55.

1. O que lhe chamou atenção neste texto sobre o luto em Deus?
2. Existe luto em Deus?
3. Por que o luto não causa sofrimento a Deus? Se ele sofresse, como viveria, uma vez que todos os dias morrem milhares de filhos seus?
4. O que diz o texto bíblico?
5. Qual mensagem o texto bíblico lhe transmite?
6. O que o texto bíblico o inspira a rezar? Faça sua oração a partir dele.
7. O que o texto bíblico o inspira a fazer?
8. Que significado tem o seu luto diante da compreensão do luto em Deus, em Jesus e em Maria?

30. Assunção de Nossa Senhora

A Igreja celebra com grande júbilo a festa da Assunção de Nossa Senhora. Embora o dogma tenha sido proclamado somente em 1950, essa festa já vinha sendo celebrada tanto pela Igreja romana como pela Ortodoxa oriental há mais de 1.500 anos. Trata-se da festa daquela que foi preparada por Deus para que nela fosse gerada a graça maior de que a humanidade estava necessitada. Em Maria, o Verbo se fez carne e habitou entre nós (cf. Jo 1,14). Ela cumpriu bem a sua missão de mãe do redentor e, no final da vida terrena de Jesus, ele a entregou por mãe da humanidade.

Maria, tendo terminado a sua missão, foi elevada ao céu em corpo e alma. Essa realidade é chamada pela Igreja de Assunção. Ela foi conduzida de forma gloriosa ao Pai. Algumas pessoas questionam se Maria morreu. O dogma não fala em morte. Provavelmente ela tenha morrido, pois a morte é um processo natural que foi vivido pelo próprio Jesus.

O que a Igreja afirma na Assunção é que Maria terminou sua missão e o Pai tornou o seu corpo glorioso, o qual não sofreu a corrupção da carne. A carne de Maria, de quem Jesus recebeu a carne dele, foi glorificada, e a vida de Maria encontra-se plenamente com o Pai.

Como Maria é mãe que ama a todos, com certeza ela espera que todos os seus filhos participem com ela da glória celeste. A Assunção de Nossa Senhora é para nós uma grande esperança que traz paz interior, pois, ao morrermos, somos acompanhados por ela no percurso do calvário. E na glória ela se adianta para acolher-nos e levar-nos ao Pai. A Igreja nos ensina a rezar: "Santa Maria, mãe de Deus, rogai por nós, pecadores, agora e na hora de nossa morte. Amém". Com as graças de Maria, chega-se ao Pai.

Como Maria chegou até Deus? O livro do Apocalipse nos fala de uma imagem aplicada à Igreja, mas que se aplica a Maria (Ap

12,1-17). O texto menciona uma mulher grávida vestida de sol, tendo a lua debaixo dos pés e uma coroa de doze estrelas na cabeça. Estes sinais luminosos na Bíblia simbolizam a Deus. Assim, podemos concluir que Maria foi uma mulher cheia das graças de Deus, cheia de amor. São Lucas fala que o anjo Gabriel foi enviado a Maria e a saudou dizendo-lhe: "Alegra-te, cheia de graça! O Senhor está contigo" (Lc 1,28b). A trajetória dela neste mundo foi a de uma vida marcada por Deus, e ela chegou de forma gloriosa ao Pai, cheia do amor e da vida dele.

Nosso caminho para Deus é cheio de esperança e amor. Quando nos faltarem as alegrias e esperanças, olhemos para a Mãe de Jesus que teve uma vida plena de amor e graças. Ela nos dará as graças necessárias para prosseguirmos até mesmo nas horas em que tudo parecer estar perdido e sem rumo.

Meditação

Texto bíblico: Ap 12,1-17.

1. Faça uma leitura orante do texto bíblico.
2. O que diz o texto?
3. O que lhe diz o texto?
4. O que o ajuda a rezar?
5. Como o ajuda a agir?
6. Como viveu Nossa Senhora?
7. Como ela chegou até Deus?
8. Como deve ser nossa vivência, para que possamos chegar até Deus?
9. Como imagina as esperanças de Maria na eternidade, em relação a seus filhos?
10. De que forma a Assunção de Nossa Senhora pode trazer alívio para a dor de uma pessoa enlutada?
11. Reze o terço contemplando os mistérios gloriosos.

Conclusão

Certa vez, ouvi o seguinte pensamento: "Quando nasceu, você chorava e todos riam à sua volta. Viva de tal forma uma vida bela que, quando você morrer, muitas pessoas vão chorar e somente você estará sorrindo". Essas palavras mostram com clareza o mistério do existir humano. O nascimento traz alegria. A notícia é contada com alegria para os familiares e amigos. Ali começa a história, e a pessoa vai tecendo relações sociais até o momento da partida na morte. Neste momento, por causa da saudade, que é o amor que fica, as pessoas se põem em prantos. Surgem a dor do luto e a busca de seu alívio.

Tendo lido e meditado as páginas deste livro, certamente permanecem em você as lembranças do seu ente querido. Permanecem as recordações que lhe fazem sofrer. Não é intuito do livro apagar a lembrança de quem você amou, mas ajudá-lo a conviver com a nova situação de vida na qual você se encontra. Não há vida sem dor, e toda dor só encontra morada onde existe vida.

Em uma de suas canções, o Padre Zezinho diz: "Ninguém nasceu para sofrer, mas a dor nos faz crescer". Você acabou de fazer o caminho indicado na busca de obter alívio nesse momento de luto. O objetivo do livro não foi o de negar a dor, mas sim levar o leitor a aprender a conviver com ela, de tal forma que seja um suporte para seu crescimento.

O aprendizado para a convivência com essa espécie de dor necessita de vários instrumentos, que teve aqui a oportunidade de encontrar. Contudo, não há apenas um indicativo, mas um conjunto de instrumentos que podem trazer alívio, e não a eliminação da dor, pois vez por outra essa dor vai reaparecer. E quando isso acontecer, você poderá voltar aos temas que mais lhe chamaram atenção e fazer novamente a meditação.

Você tem à sua frente um longo caminho a percorrer levando consigo não as pessoas, não os bens adquiridos, mas as lembranças que em algumas horas de sua vida vão fazê-lo recordar-se de que está vivo. Terá sentimentos que irão suscitar tanto alegrias quanto angústias. No entanto, poderá administrar esses sentimentos de tal forma que não se torne escravo deles.

Deus abençoe seu caminhar acontecido entre trevas e luzes, entre alegrias e tristezas, entre dor e alívio, entre morte e vida. A bênção de Deus venha com a confiança de que o que restará é somente vida, e vida em plenitude.

Sumário

Apresentação 5

Introdução 7

1. Notícias que mudam os sentimentos 9

2. Estive de luto 12

3. Oração do enlutado 15

4. Aprendendo a lidar com o luto 17

5. Conservação da identidade dos que morreram 19

6. Sepultado vivo 22

7. Morte não é aniquilação, mas transformação 25

8. Homilia exequial 27

9. Estágios de superação do luto 32

10. Deixar o que parece ser, para ser o que realmente é 36

11. O túmulo que se esvazia 39

12. Subir brincando com as estrelas..................................41

13. O sentimento da saudade 44

14. Morte e sepultamento do pai.......................................47

15. Enlutados de Emaús...51

16. Oração da serenidade 54

17. A chegada das almas ao céu 56

18. Mensagem aos enlutados..58

19. Germinar e crescer 62

20. A chave invisível...65

21. Espiritualidade do caminho...69

22. Vida na luz...72

23. A morte e o projeto de santidade..76

24. Sussurros de Deus 79

25. Frases para pensar...82

26. Orar com a mística pascal 84

27. Até onde precisa ir?..87

28. Um sorriso de paz 90

29. O luto de Deus, de Jesus e de Maria...92

30. Assunção de Nossa Senhora 95

Conclusão 97

Paulinas

Rua Dona Inácia Uchoa, 62
04110-020 – São Paulo – SP (Brasil)
Tel.: (11) 2125-3500
paulinas.com.br – editora@paulinas.com.br
Telemarketing e SAC: 0800-7010081